Wolfgang Ullrich
Uta von Naumburg

Wolfgang Ullrich

UTA VON NAUMBURG
Eine deutsche Ikone

Verlag Klaus Wagenbach   Berlin

Die erste Ausgabe von *Uta von Naumburg* erschien 1998
als Band 59 in der Reihe
KLEINE KULTURWISSENSCHAFTLICHE BIBLIOTHEK

5. Auflage 2025

Wagenbachs Taschenbuch 523

© 1998, 2005, 2011 Verlag Klaus Wagenbach GmbH
Emser Straße 40/41, 10719 Berlin
www.wagenbach.de   mail@wagenbach.de

Umschlaggestaltung Julie August unter Verwendung eines
Fotos von Walter Hege © Bildarchiv Foto Marburg / Walter
Hege, wie auch bei allen anderen Fotos von Walter Hege im
Innenteil. Autorenphoto © Annekathrin Kohout
Das Karnickel auf Seite 1 zeichnete Horst Rudolph
Gesetzt aus der Walbaum. Gedruckt und gebunden
bei Pustet, Regensburg. Printed in Germany

ISBN   978 3 8031 2523 1

Inhalt

Die Naumburger Stifterfiguren, zwölf lebensgroße frühgotische Statuen, die Adelige des 11. Jahrhunderts repräsentieren, werden um das Jahr 1250 von einem unbekannten Künstler aus Muschelkalk gefertigt und im zeitgleich
errichteten Westchor des Doms in einigen Metern Höhe
eingepaßt. Dokumente, die die Hintergründe dieser Auf-
stellung erhellen könnten, existieren nicht. Über Jahrhunderte hinweg bleiben die Stifterfiguren offenbar
unbeachtet, und noch im 19. Jahrhundert interessieren sie
die Kunstgeschichte nur am Rande. Plötzlich jedoch, in
den ersten Jahrzehnten des 20. Jahrhunders, erregen sie
zunehmend Aufsehen. Insbesondere eine der Figuren,
Uta, erlangt den Status einer nationalen Ikone. Historische Gründe gibt es dafür nicht, da das Leben der Markgräfin Uta, die der Linie der Askanier in Ballenstedt entstammt, im dunkeln liegt. Über sie ist nur bekannt, daß sie
mit dem Meißener Markgrafen Ekkehard II., dessen Statue im Westchor neben ihrer postiert ist, kinderlos verheiratet war. Es ist also allein die Figur aus Stein, welche
Begeisterung und Verehrung auslöst. In den folgenden
Jahrzehnten wird Uta popularisiert und für verschiedene
zeitgemäße - meist ideologische - Dienste in Anspruch
genommen. Vor allem in den dreißiger Jahren berichtet
jedes Medium ausführlich von ihr und den Stiftern;
Naumburg wird zum Ort eines beispiellosen Rezeptions-
geschehens.

DESINTERESSE

… und lebte (…) den nächsten Winter, den
sonnenärmsten meines Lebens als Schatten
in Naumburg. Dies war mein Minimum.[1]

DURCH NAUMBURG WAR NOVALIS, dessen Elternhaus sich im
nahegelegenen Weißenfels befand, immer wieder gekommen; überhaupt kannte er die gesamte Umgegend sehr
gründlich, da er sie auf geologischen Exkursionen und in
seiner Funktion als Salinenassessor untersuchte. Auch die
Steinbrüche zwischen Naumburg und Freyburg, aus denen
man die Blöcke für den Dombau beschafft hatte, waren ihm
vertraut. Stein bedeutete für ihn dabei nicht nur ein Materi-
al, sondern gehörte in eine komplexe Zeichenwelt des
›Buchs der Natur‹. Die Eigenschaften jeder Gesteinsart verwiesen auf eine transzendente Ordnung und letztlich auf
Gott. Steine waren für Novalis also etwas, das man verstehen konnte, und von da aus eröffnete sich auch ein Zugang
zu Skulpturen. Mit seiner romantischen Weltauffassung
wollte Novalis auf eine Wiederholung eines idealen christlichen Mittelalters hinarbeiten, ein »neues höheres religiö-
ses Leben« sollte sich bilden, und er gab sich überzeugt
davon, daß dann endlich »jedes alte Denkmal der Geschichte, jede Kunst (…) mit neuer Liebe umarmt und fruchtbar

ABB. 1   *Die erste Darstellung des Westchors (1728)*

gemacht« werden würde.² Mit Heinrich von Ofterdingen,
dem Titelhelden seines einzigen, Fragment gebliebenen
Romans, hatte er selbst bereits einen historisch nicht einmal genau verbürgten Sänger aus dem 13. Jahrhundert wie-
derentdeckt. Hätten, dies alles zusammengenommen, bessere Voraussetzungen vorhanden sein können, sich für die
Stifterfiguren im Naumburger Dom zu interessieren?

Doch nicht nur Novalis besichtigte den Dom nie: Obwohl
die Wege vieler gerade in den Jahren um 1800, als sich
Bedeutendes in Weimar, Jena oder Leipzig abspielte, durch
Naumburg führten, ist in Tagebüchern, Briefen oder anderen Texten nicht vom Dom die Rede. Es ist, als habe es ihn
gar nicht gegeben. Daß der Westchor mit den Stifterfiguren
damals überhaupt zugänglich gewesen wäre, läßt sich also
nur aufgrund weniger beiläufiger Erwähnungen vermu-
ten.³ Eine erste überlieferte Abbildung - ein Kupferstich
der Stifter von 1728 - zeigt die Figuren unbeholfen, aber

zumindest identifizierbar, und auf einem separaten Blatt sind Uta und Ekkehard eindeutig zu erkennen. Bewertet wird die künstlerische Qualität der Figuren in diesen ersten Berichten nicht, zumal diejenigen, die sich mit den Lokalbauten befassen, meist zu wenig kennen, um vergleichen zu können. Wer nur ein wenig auf sich hält, beschäftigt sich am Ende des 18. Jahrhunderts mit antiker Skulptur – eine andere gibt es für die damalige Geisteswelt nicht, auch nicht für jemand wie Novalis.

Manche behielten Naumburg sogar in eher schlechter Erinnerung. Schiller hatte am 20. Juli 1787 »das Unglück den Herzog von Weimar um eine Stunde im Posthauße zu verfehlen, wo er mir beinah die Pferde weggenommen hat«.[4] Als Schelling am 31. Mai 1798 auf der Reise von Jena nach Leipzig Naumburg passierte, behinderten starke Gewitter die Fahrt.

Wilhelm Grimm mußte im Dezember 1809 gar zwei Tage unfreiwillig in Naumburg pausieren, bevor er zu Goethe nach Weimar weiterfahren konnte, da er wegen schlechter Witterung auf einen überdachten Postwagen zu warten hatte. Zu einer Dombesichtigung verführte jedoch auch die Zwangspause nicht.

Kaum eine andere Stadt der Gegend war zu der Zeit weniger mit Kunst assoziiert als Naumburg. Wer Kunst sehen wollte, suchte in Dresden die Gemäldegalerie auf, man fuhr nach Prag, Berlin oder Wien, wenn man sich nicht gleich den Traum ›Italien‹ erfüllte. Dort gab es den Apoll von Belvedere zu sehen, im Norden dagegen war es eher Malerei, woran man sich erbaute. Immerhin lernte man gerade in den Jahren der Wende zum 19. Jahrhundert die deutsche Malerei der Spätgotik schätzen, wo sich die an der Antike gebildeten Ideale problemloser relativieren ließen als in der Plastik, weil es kaum antike Malerei zum Vergleich gab. Vor allem für Dürer hatten Ludwig Tieck und Wilhelm Heinrich Wackenroder bei einer Reise durch Franken 1793

ABB. 2 *Ekkehard und Uta (1728)*

neues Interesse geweckt. Im selben Jahr kam Wackenroder auch nach Bamberg, und in einem Brief an seine Eltern berichtet er über mehrere Seiten hinweg vom dortigen Dom.

Allein auf ein Wort über dessen Skulpturen oder Portale wartet man auch hier vergeblich; er scheint sie gar nicht bemerkt zu haben. Vieles, schon in seiner Größe Unscheinbareres wird dagegen detailliert beschrieben.⁵ Der eigentliche Grund für den Dombesuch war jedoch eine Prozession, die dort alljährlich stattfand.

In Naumburg fehlten auch solche Anlässe für einen Besuch des Doms: Kurz nach der Reformation hatte die Stadt ihren Bischofssitz verloren, nachdem Luther den ersten und einzigen protestantischen Bischof noch selbst in sein Amt eingeführt hatte. Das kirchliche Leben spielte sich wesentlich in der Wenzelskirche ab. Zudem war das Innere des Doms ziemlich unattraktiv, weil barocke Einbauten dem ohnehin düsteren Kirchenraum noch mehr Licht nahmen. Der Ostlettner war völlig verkleidet, und auch vor dem Westlettner befand sich ein Vorbau.

Schließlich gab es aber doch ein paar prominente Besucher: Der erste war Gottfried Schadow, der im September 1802 in sein Tagebuch notierte:

> In Naumburg zeichneten wir im Dome auf derselben Kanzel, wo einst Dr. Martin Luther gepredigt hatte. Auf der Empore hatte man Marktbuden aufgeschlagen, was die schöne Aussicht deckt und hemmt. Die großen Statuen sind durch Natürlichkeit und den einfachen Faltenwurf merkwürdig, ganz abweichend von dem papiernen Brüchenstyl jener Zeit, was die Frage erweckt wie, wann und wo und wer jener Meister.⁶

Zumindest registriert Schadow es als »merkwürdig«, d.h. nach damaligem Wortgebrauch als bemerkenswert und verwunderlich, daß der Faltenwurf der Figuren nicht gotisch-verspielt ist und daß ihre Erscheinung einen sowohl für die Romanik als auch für die Gotik unüblichen Naturalismus besitzt.

»Merkwürdig« sollte auch in der Folgezeit eine beliebte Vokabel für die Arbeiten der Naumburger Werkstatt - die Figuren und den Westlettner - bleiben. So auch beim zweiten berühmten Besucher, bei dem es sich immerhin um Goethe handelt. Er berichtet am 17. April 1813 in einem Brief an seine Frau vom Besuch im Dom, den er als »vermoderndes Gebäude« vorfand, »woraus wir gern einiges durch Kauf, Tausch oder Plünderung an uns gebracht hätten«. Diese – im übrigen unerfüllt gebliebene – Hoffnung verrät bereits die Haltung, mit der Goethe in den Dom kam: Er suchte nach hübschen oder auch skurrilen Kleinigkeiten und war nicht darauf vorbereitet, bedeutende Bildwerke zu entdecken. Was sollte es nach den damaligen Maßstäben in einem verkommenen mittelalterlichen Kirchenraum auch geben? Im Brief erwähnt er ein paar jener Kleinigkeiten und äußert sich lobend über das eine oder andere Stück; vor allem dem Epitaph des Bischofs Gerhard von Goch aus dem 15. Jahrhundert, dessen Gesicht er für eine meisterliche bildhauerische Arbeit hält, widmet er ausführlichere Bemerkungen – vielleicht auch deshalb, weil die Züge dieses Bischofs seinen eigenen überraschend ähnlich sind. Uninteressiert an nicht-klassischen Steinwerken war er also nicht. Dann kommt er auf den Westlettner zu sprechen:

Uralte Hautreliefs, gleichzeitig mit dem Kirchenbau. Sie stellen in einem Fries die Passion vor, sind höchst merkwürdig. Ich erinnere mich keiner ähnlichen. Doch konnte ich sie nicht scharf genug sehn und wüßte nichts weiter darüber zu sagen: denn wir eilten freylich wieder aus dem Heiligthume, wo es aus mehr als einer Ursache feucht, kalt und unfreundlich war. Solche Räume, wenn sie nicht durch Meßopfer erwärmt werden, sind höchst unerfreulich.[7]

Nicht Bewunderung, sondern eher Verwunderung und Überraschung bestimmt hier also das Urteil über die Passionsreliefs des Lettners. Ob Goethe noch einen Blick in den Westchor warf, bevor er den unwirtlichen Dom verließ, muß offen bleiben; wahrscheinlich tat er es nicht, denn wem die Lettnerreliefs als »merkwürdig« auffallen, der hätte die Stifterfiguren nicht ganz übersehen können. Wie auch immer: In jedem Fall beweist Goethes Schweigen über den Westchor, daß dessen Figuren 1813 tatsächlich noch völlig unbekannt waren. Wer nämlich hätte es eher als er erfahren, wenn jemand die Stifter als Kunstwerke entdeckt hätte?

Schadow teilte ihm übrigens sogar seine Überraschung über diese Figuren mit, allerdings erst 1817, nach der Lektüre einer – durch Schelling kommentierten – Schrift von Johann Martin Wagner, der für den Bayerischen Kronprinzen Ludwig die 1811 sensationell entdeckten Ägineten erworben hatte: »Haben Sie den Dom von Naumburg gesehen? Lebhaft wurde ich daran erinnert, als ich Wagners und Schellings Abhandlung der Äginetischen Kunstwerke las, auch hier angemalte Statuen gar nicht übel gearbeitet.«[8]

Der Vergleich mit den Ägineten ist bezeichnend, denn in der Diskussion um sie befremdete insbesondere zweierlei: So störte man sich an ihrer ursprünglichen Bemaltheit, die man gar »als eine barbarische Sitte« deutete[9]; derselbe Einwand wurde, wie sich noch zeigen wird, über das gesamte 19. Jahrhundert hinweg gegenüber den Naumburger Stifterfiguren vorgebracht und verhinderte häufig ihre Anerkennung. Ferner war bei den Ägineten fraglich, wie das Mißverhältnis zwischen den fast noch archaischen Köpfen und den sehr naturalistischen Körpern der Figuren zu erklären sein könnte. In Schadows Erinnerung hatten sich entsprechend wohl die Naumburger Stifter rund fünfzehn Jahre, nachdem er sie gesehen hatte, zu solch rätselhaften Mischwesen entwickelt: Hatte er anfänglich die beinahe klassische Einfachheit des Faltenwurfs hervorgehoben, so mag sich dieser Eindruck noch verstärkt haben, während ihm die Gesichter, die er, der Klassizist, zuerst schon übergangen hatte, nun noch gröber oder gar als grimassenhaft im Gedächtnis gewesen sein dürften.

Die Irritation, die bei Schadow wie bei Goethe angesichts der Naumburger Werke entstand, war nicht stark genug, um sie zu einer näheren Beschäftigung zu veranlassen. Ebenso bleibt die erste dem Westchor gewidmete Abhandlung noch eher distanziert: Carl Peter Lepsius, Naumburger Landrat, erschloß 1822 die Gründungs- und Baugeschichte des Doms und identifizierte die Stifterfiguren in bis heute anerkannter Weise. Zwar sind es auch für ihn »merkwürdige Statuen«, die sich im Westchor befinden, doch es scheint ihn vor allem historischer Fleiß und heimatkundliches Interesse zu seinen Forschungen veranlaßt zu haben. Gewiß hätte Lepsius gerne mit mehr Enthusiasmus geschrieben und über eine Sicht verfügt, der die Stifterfiguren als Meisterwerke erscheinen. So jedoch heißt es bei ihm nur etwas verlegen: »Noch erwartet die Geschichte der deutschen Bildhauerei einen Winckelmann.« Einstweilen herrscht nur Konfusion – »alles liegt noch in ungeordneter Masse umher« –, und es fehlt der Bezug zu diesen Relikten einer fernen Zeit; »der Sinn für den ältern deutschen Kunst-Stil [ist] im Volke erstorben«. Mehr als vorbereitende Arbeit für einen erhofften Sinnstifter kann Lepsius also nicht leisten.[10]

Daß Naumburg etwas mehr als ein Jahrhundert später fast schon formelhaft als »Stadt der steinernen Wunder« bezeichnet werden würde, in die jährlich Zehntausende der Stifterfiguren wegen pilgern, wäre für Lepsius unvorstellbar gewesen. Erst recht hätte niemand im 19. Jahrhundert ahnen können, daß die Naumburger Figuren dereinst sogar, nun ihrerseits Sinnstifter, für nationale und politische Zwecke herzuhalten haben würden. Nur ein Beispiel: Am 26. Februar 1938 wurde innerhalb der Gaukulturwoche von Halle-Merseburg der »Tag der bildenden Kunst« in Naumburg gefeiert; der Oberbürgermeister ließ deshalb ein Grußwort verbreiten, in dem er die Gäste in »unserer alten Uta-Stadt« – so wurde Naumburg mittlerweile selbst auf etlichen Landkarten bezeichnet – »im Hochgefühl der Freude« willkommen heißt![11] Es gab einen Festakt im Großen Ratskellersaal, bei dem der Leiter der Abteilung Bildende Kunst im Berliner Propagandaministerium davon sprach, »wie das *Erlebnis des Naumburger Domes*, das jeden packen müsse, von der ewigen deutschen Gegenwart zeuge«. Ferner klagte er, »welche unendliche Schwierigkeiten die Reinigung des deutschen Kulturlebens von all ihren [sic] fremden Einflüssen bereitet hätten [sic]«. So wurden die Stifterfiguren der zeitgenössischen und – erst postulierten – nationalsozialistischen Kunst als Vorbild der deutschen Art anempfohlen. »Männer und Frauen deutscher Vergangenheit treten uns in den Stifterfiguren als kraftvolle Persönlichkeiten gegenüber, die aufrecht und stark ihren Weg gingen« – so formulierte es wieder der Oberbürgermeister und bezeichnete die Dombesucher als »Wallfahrer nach dieser Herzkammer deutschen Geistes«.[12] Abends begab man sich zu einer Feierstunde in den Dom, nachdem bereits am Nachmittag der Gauleiter gemeinsam mit Mitarbeitern des Propagandaministeriums eine Besichtigung vorgenommen hatte; sogar eine gleichzeitig angesetzte Hochzeit mußte deshalb verlegt werden. Bei dieser von der NSDAP ausgerichteten Feierstunde wurden »Uta-Dichtungen« vier verschiedener Autoren von einer Schauspielerin rezitiert, musikalisch umrahmt durch Stücke von Buxtehude und Händel.

Freilich gab es auch schon zu Lepsius' Zeiten ein paar, die den Naumburger Dom schätzten, irrlichternd noch und in ihrer Begeisterung um etliche Generationen zu früh, wenngleich auch sie befremdet gewesen wären, hätten sie die Dimension und vor allem die Ausrichtung des Kults um die Stifter mitbekommen. Ihre Lobesworte sind nämlich unbefangen und frei von aufgeregten Aktualisierungsversuchen. So spricht der Kunstschriftsteller Johann Dominik Fiorillo 1815 von einem »ehrwürdigen Überrest deutscher

Baukunst und Bildhauerei aus Ottos Zeiten«, datiert den Dom also auf die Zeit der Jahrtausendwende. Insbesondere haben es ihm die beiden Ehefrauen, Reglindis und Uta – hier noch als Schwanehilde und Jutta bezeichnet –, angetan, »an denen man sich nicht satt sehen kann«. Weiter heißt es: »Dieser unaussprechliche Liebreiz, dieses freundliche Lächeln auf den geliebten Gatten, der der erstern zur Seite steht, diese himmlische Sanftmuth der andern, der schlanke Körperbau, die anschließende Robe und der Kopfputz beider, der das schönste Madonnengesicht in allen Umrissen preis giebt, verdienen unsere Bewunderung.« Das erste Mal wird also Bewunderung und nicht Verwunderung geäußert, und ohne Hintergedanken werden Eindrücke mitgeteilt. Wie sehr es aber an kunstgeschichtlicher Orientierung mangelte, wird nicht nur durch die Fehldatierung deutlich, sondern auch an Fiorillos Vermutung »daß Sizilianer von Otto III. nach Deutschland gelockt, diese Werke schafften, die so schön sind, daß man selbst die spätere geschmacklose Bemahlung mit Farben darüber gänzlich vergißt«. Was so schön ist, kann nur aus dem Süden, aus atmosphärischer Nähe zur Antike kommen – anders ist es auch für Fiorillo nicht denkbar, und die dem klassischen Skulpturenideal der Zeit widersprechende Bemalung wird deshalb als Zutat einer späteren, nicht mehr ›sizilianisch‹ behüteten Epoche angesehen.[13]

Widerspruch zu dieser Auffassung kommt vier Jahre später vom Altertumswissenschaftler Johann Gustav Büsching, der es für »nunmehr unbestreitbar« hält, »daß unter den deutschen Steinmetzen sehr bedeutende Künstler gelebt haben«, denen auch der Naumburger Stifterchor zu verdanken sei. Als »sehr vorzüglich« empfindet er die Figuren, widmet aber ebenfalls einen nicht geringen Part seiner Beschreibung dem Problem der Bemalung. Dabei versucht er, sie als für das Mittelalter »durchaus angemessen« zu verteidigen, was nicht darüber hinwegtäuschen kann, daß auch er lieber unbemalte Figuren vorgefunden hätte. Er hebt nicht einzelne Figuren besonders hervor, vermutet aber in Reglindis und Uta die »lachende Braut« und die »traurige Braut«, was wohl dem entsprach, was man damals in Naumburg über diese Figuren erzählt bekam.[14]

ABB. 3   *Reglindis - voll*
»unaussprechlichem Liebreiz«

ABB. 4   *Uta -*
in »himmlischer Sanftmuth«

Gelegentliche Lobesworte über die Stifterfiguren lenkten jedoch keineswegs breitere Aufmerksamkeit auf sie, und wer sich im 19. Jahrhundert mit Kunst beschäftigte, blieb ihnen gegenüber desinteressiert. Ein markantes Beispiel hierfür liefert Nietzsche, der in Naumburg aufwächst, im Domgymnasium und dann im nahegelegenen Schulpforta erzogen wird und auch in späteren Jahren immer wieder zur Mutter nach Naumburg zurückkehrt. Im Dom hat er als Kind erste prägende Musikerlebnisse, doch über dessen Kunstwerke äußert er sich niemals. Auch er ist zu sehr von der deutschen humanistischen Tradition geprägt, um den antikenfernen Naumburger Westchor schätzen zu können.

Erst an der Wende zum 20. Jahrhundert wurde das klassisch antike Skulpturenideal nicht mehr so bekenntnishaft vorgetragen, und es gab gar Versuche, sich darüber hinwegzusetzen. So veröffentlichte der Kunsthistoriker August Schmarsow 1892 eine im begeisterten Entdeckerton gehaltene Monographie über die Naumburger Stifter. Im Vorwort äußert er die Überzeugung, der Dom werde »immer lebhaftere Anerkennung« finden, »je freier sich Kunstfreunde und Kunstforscher auch den Leistungen jener Zeit zuwenden, die [sic] noch kein günstiges Vorurteil klassischer Bildung entgegenkam«.[15]

Schon seit 1881 gab es auch reguläre Domführungen, die aber höchstens zehn Minuten dauerten. Wer Naumburg zur Station einer Bildungsreise machte, zeigte dennoch nicht unbedingt Interesse für die Stifterfiguren. Rilke etwa, der sich am 21. August 1911 auf einer Reise, die vor allem Weimar und Leipzig galt, in Naumburg aufhielt, hatten es die Fenster im Dom angetan, und insbesondere die Inschriften der Epitaphe studierte er lange. Zu den Stifterfiguren bemerkte er hingegen nichts![16]

Dafür nimmt Gerhart Hauptmann in seinem - eher unbedeutenden - Lustspiel *Die Jungfern vom Bischofsberg* (1907) Bezug auf den Naumburger Dom, gibt dabei aber auch zu erkennen, daß er sich in Deutschland mit seiner Wertschätzung des Westchors allein fühlt.[17] Einem Protagonisten legt er, unverhohlen didaktisch, folgende Sätze in den Mund:

Ich zähle die Plastiken drüben im Dom zu den allerbewunderungswürdigsten Sachen. Etwas reiner Gedachtes habe ich nie gesehen, auch im hochgelobten Italien nicht. Es ist unbegreiflich, muß man sagen, daß die Deutschen zu diesen Resten einer fast griechisch-heiteren Kultur nicht wie zu einem Jungbrunnen wallfahrten! Und, was besonders auffällig ist, daß nicht einmal Goethe, soviel mir bekannt ist, dieses ihm doch so nahe Wunder vollkommenster Schönheit gekannt und gewürdigt hat.[18]

Hauptmann versucht also etwas oberflächlich, die Deutschen mit Worten wie »Italien« und, noch seltsamer, »griechisch-heiter« zu den Stifterfiguren zu locken. So kommt er selbst nicht über tradierte Maßstäbe für Skulptur hinaus, und es erscheint fraglich, wie er sie, danach beurteilt, überhaupt für »allerbewunderungswürdigst« halten kann. Und wieso sollten es dann so wenige gewesen sein, die einen Zugang zu den Stiftern finden konnten?

Vormittag 9 Uhr: Gemeinsame Spazierfahrt nach Naumburg / Besichtigung des Doms und Begrüßung der außerhalb Naumburgs ansässigen D.W.B.=Mitglieder durch die Stifter / Ansprachen und Antworten müssen dem Vorstand des D.W.B. vorher unterbreitet werden; Sprechdauer ist anzugeben.

ABB. 5 *Aus dem Ausflugsprogramm des Thüringer Werkbunds (1913)*

Nicht nur bei Hauptmann fällt für diese frühe Zeit der Naumburg-Rezeption auf, daß das Interesse eher den Figuren im Ganzen als schon speziell der Uta gilt. Als Abbildungsbeispiele in damaligen Monographien zur Kunstgeschichte finden sich entsprechend auch die einzelnen Stifter, anders als in späteren Jahrzehnten, ziemlich gleichmäßig vertreten. Und so ist in dieser von Vereinnahmungsambitionen freien Frühzeit auch noch etwas anderes möglich, das dann wenigstens für einige Jahrzehnte unmöglich werden sollte, nämlich eine witzig humorvolle Bezugnahme auf die Stifterfiguren, fernab von Rezeptionsernst und -schwere. So erschien 1913 zu einem Ausflug der Thüringer Werkbundgruppe eine »Kurzweilige Beschreibung und Folge von Belustigungen« als Programmheft, wobei das erste Bild karikaturhaft die beiden Stifterehepaare eng beieinander stehend zeigt. Vor allem Uta, die in deutliche Antithese zur lächelnden Reglindis gebracht ist und eine Schnute zieht, ist hier nicht gerade ehrfurchtsvoll (und doch ohne Häme) behandelt, und eine herausgehobene Position nimmt sie gewiß nicht ein. So ist diese Zeichnung ein Dokument für die Unbefangenheit und Harmlosigkeit, mit der man sich den Stifterfiguren damals noch nähern konnte.

Der Bilderbogen, den diese Zeichnung eröffnet, wurde im Eugen Diederichs Verlag ediert, und derselbe Verlag bediente sich nur ein Jahr später (1914) in dann schon ideologisch vereinnahmender Weise der Stifterfiguren: Auf der Leipziger »Bugra«, einer internationalen Buch- und Grafikmesse, errichtete man zur Präsentation des überwiegend national und kulturkritisch ausgerichteten Verlagsprogramms einen sogenannten Lagarde-Tempel und stattete ihn mit Gips-Nachbildungen der Gerburg und des Wilhelm aus (wiederum also keine Fixierung auf Uta!). Doch wurden damit nicht etwa bereits allbekannte und eindeutig konnotierte Ikonen präsentiert, sondern man wollte das

ABB. 6 *Wilhelm repräsentiert den Eugen Diederichs Verlag*
(Leipzig, 1914)

Publikum mit noch relativ unbekannten Kunstwerken aus
der Region überraschen (der Verlag war damals in Jena
angesiedelt), vor allem aber deutsches Volkstum atmosphä-
risch beschwören. Mittelalterliche Kirchenkunst diente so
auf einmal zur Inszenierung einer Weltanschauung.[19]

Die Vereinnahmung, die hier einsetzt, wuchs in den darauf folgenden zwanzig Jahren und konzentrierte sich dabei
immer mehr auf Uta. Ihre Popularität wurde also bald
selbstverständlich, und nur selten erinnerte man sich dann
noch an das lange Schweigen über sie und die übrigen Stifterfiguren. Falls es dennoch angesprochen wurde, wurde
die Gelegenheit zur Plazierung beliebter Ideologeme
genutzt, so etwa - nazistisch geprägt - in einem Text von
1935:

Es ist nicht gar so verwunderlich, daß es Zeiten gab, in denen man die rechte Aufnahmefähigkeit für diese frühgotischen Meisterwerke nicht besaß. Zu oft sind wir in blinder Objektivitätswut gegen die eigenen Werte dem künstlerischen Ideal jenseits der Alpen oder jenseits des Rheins nachgejagt. So ging man selbst noch zu Goethes Zeiten achtlos an diesen Schätzen vorüber wie an irgendwelchen anderen Altertümern. Ihre leise Klage verhallte ungehört. Heute bahnt sich ein neuer Kultwille den Weg zu dem ihm Artgemäßen.[20]

Es wird hier also eine allgemeine Tendenz ausgemacht, die die Deutschen in einem Übermaß an Selbstkritik angeblich fremder Kunst ausgeliefert habe.[21] Erst durch den Nationalsozialismus hätten sie zu sich selbst und zur eigenen Kunstvergangenheit zurückgefunden. Dieses Deutungsschema fußt auf einer beliebten Geschichtsauffassung, die auch sonst im Umgang mit den Stifterfiguren häufig zu finden ist: Nach einer Zeit des Niedergangs und der Verleugnung des ›Eigentlichen‹ wird dieses endlich ›wieder‹ angestrebt, womit die Neuauflage eines großartigen Mittelalters unmittelbar in Aussicht steht.

Dieses Geschichtsmodell ist selten stärker zum Bild geworden als in der Kyffhäuser-Sage, die sich nach dem Tod Friedrichs II. 1250 bildete: Er sei nicht wirklich gestorben, sondern schlafe in einer Höhle des Kyffhäusergebirges, um einmal wiederzukehren und Friede und Ordnung zu bringen. Später übertrug sich dieser Glaube auf Friedrich Barbarossa, von dessen Wiederkehr man sich die nationale Einheit erhoffte. Alle hundert Jahre wacht der Kaiser angeblich kurz auf und fragt, ob über dem Gebirge noch Raben fliegen. Solange dies der Fall ist, muß er weiterschlafen, und die nationale Einheit bleibt unerfüllbar.

Nun bot es sich an, die zur Zeit des Tods von Friedrich II. entstandenen Stifterfiguren auch mit dem Ende des Stauferreichs in Beziehung zu bringen, und ferner war eine Assoziation zwischen dem jahrhundertelang unsichtbaren Kaiser und den ebenso nicht gesehenen Westchor-Figuren möglich. So ließ sich nicht nur dem Schweigen über sie ein tieferer Sinn abgewinnen, sondern ihre Entdeckung konnte zum unmittelbaren Vorzeichen einer nationalen Auferstehung dramatisiert werden. Hitler - seinerseits zuerst ein unbekannter Gefreiter - erschien dabei als Erfüllungsgehilfe des großen Kaisers. Der Chemnitzer Kulturamtsleiter präsentierte 1935 diese Geschichtskonzeption, als er in einer Ansprache anläßlich der Theaterpremiere eines Uta-Stücks die Zeit zwischen dem 13. und 20. Jahrhundert wirr und bündig zusammenfaßte:

> ... das Welsche hatte gesiegt, und das Volk mußte seine Hoffnung auf die Wiederkehr des Reiches in einen Berg bannen. Unbekannt stand Uta jahrhundertelang im Westchor des Naumburger Domes. Jetzt endlich ist der Sehnsuchtstraum des deutschen Volkes in Erfüllung gegangen. Ein mächtiger Führer in Gestalt des unbekannten Frontsoldaten hat das Reich erneuert. Die Raben fliegen zwar noch immer um den Berg, deshalb ist es unsere Aufgabe, trotz der Tarnung zu verhüten, daß sie nicht noch einmal die Oberhand gewinnen.[22]

Es blieb aber bei solchen Anklängen an mythische Muster, und im allgemeinen interessierte das lange Desinteresse an den Stiftern nicht. Verständlich wird es durch einige geistesgeschichtliche Hintergründe, die zugleich erklären können, was schließlich zur Verehrung gerade der Uta führte.

DAS KLASSISCHE SKULPTURENIDEAL

*Wenn es Kunstwerke gibt, die trösten ›wie einen
eine Mutter tröstet‹, so sind von diesen die Figuren
im Naumburger Dom. Sie stehen im stolzen
Frühling unserer Geschichte und sie sind die ersten
Werke unserer Kunst, die sich ganz befreiten
aus Handwerks- und aus Herkunftsbanden, und
die ohne Schämen und ohne Verpflichtung den
griechischen Göttern gegenübertreten dürfen.*[23]

Im Frühjahr 1930 traf sich in Naumburg die akademische
Elite der Klassischen Altertumswissenschaft, um zwei Tage
lang über »Das Problem des Klassischen und die Antike« zu
debattieren. Auch wenn die Stifterfiguren zu der Zeit bereits nationale Berühmtheit besaßen, konnten sie bei dieser
– vielbeachteten – Tagung selbstverständlich nicht Gegenstand sein. Aber man mag es als aufschlußreichen Hinweis
deuten, daß offenbar auch keiner der Tagungsteilnehmer
darauf kam, wenigstens beiläufig Bezug auf sie zu nehmen.[24] Sie zusammen mit klassischer Skulptur, der mehrere Vorträge gewidmet waren, zu nennen – und sei es nur
zur erläuternden Abgrenzung –, war auch damals kaum
denkbar. Was dem klassischen Ideal nicht entsprach, mochte zwar als ›Volkskunst‹, als Ausdruck einer Mentalität auf
Interesse stoßen, doch es galt wenig bei denjenigen, die sich

als Humanisten bezeichneten und die, in langer Tradition, von der Kunst und vor allem von der Skulptur Erhebung und Läuterung des Geistes erwarteten.

»Die Skulptur im allgemeinen faßt das Wunder auf, daß der Geist dem ganz Materiellen sich einbildet und diese Äußerlichkeit so formiert, daß er in ihr sich selber gegenwärtig wird und die gemäße Gestalt seines eigenen Inneren darin erkennt.« So definiert Hegel in seinen *Vorlesungen über die Ästhetik*, meint mit der »Skulptur im allgemeinen« jedoch allein die klassisch-griechische, sofern sie sich der menschlichen Gestalt widmet. Bei ihr gibt es weder unbewältigten Werkstoff noch ein Maß an Vergeistigung, das das Materielle als zu schwerfällig und unpassend erscheinen ließe. Wird also aus Stein eine Gestalt gemeißelt, deren Ausdruck seine Eigenschaften integriert, ohne deshalb leblos und steif zu wirken, so ist das Ideal des Klassischen erreicht.

In der klassischen Skulptur soll, obwohl sich darin jeweils eine bestimmte Gestalt verkörpert, keine Individualität ausgedrückt und auch keine besondere Situation oder Handlung gezeigt werden. Vielmehr soll die gesamte Gattung des Menschen (bzw. der griechisch-menschengestaltigen Götter) zum Vorschein kommen und als erhebendes, von allem Konkreten befreites und befreiendes Erlebnis maßstäblich erfahrbar sein. Also ist die »ganze Sphäre des Subjektiven (...) aus dem Inhalte der Skulptur sogleich auszuschließen«; darzustellen ist – so Hegel – »die wesentliche Natur des Geistes, ohne das Ergehen ins Akzidentelle und Vergängliche«. Damit verbietet Hegel dem Bildhauer insbesondere, »in betreff auf das Physiognomische zum *Mienenhaften* fortgehen zu wollen. Denn Miene ist nichts anderes als eben das Sichtbarwerden der subjektiven inneren Eigentümlichkeit und deren Partikularität des Empfindens, Vorstellens und Wollens.« Als unerlaubte Mienen nennt Hegel »Demut, Trotz, Drohung, Furcht«.[25]

ABB. 7 *Timo –*   ABB. 8 *Sizzo –*
»*dumpf grollend*«   »*voller Schmerz und Zorn*«

Das Herausarbeiten von Mienen dieser Art ist jedoch
gerade ein Hauptmerkmal der Naumburger Werkstatt,
womit dort das Individuelle viel präsenter und drängender
erscheint, als Hegel es zulassen würde. Beispielsweise wird
– zitiert sei stellvertretend aus einem populären Naumburg-Buch der fünfziger Jahre – Timo als »ein dumpf grol-
lender Mann« beschrieben, Sizzo als »voller Schmerz und
Zorn« charakterisiert oder Wilhelm und Gerburg »Schwermut« unterstellt.[26]

Die Stifter scheinen sich also jeweils in einer bestimmten
Situation zu befinden, was den Betrachter eher zu einer
narrativen Ausschmückung verleitet als ihn zu Allgemeinheit zu erheben. Ähnlich dem Laokoon, um dessen künstlerische Bedeutung es im Zeitalter des klassischen Kunstideals endlose Debatten gab, liefern sie ein Beispiel für »die
Anstrengung des Augenblicks«, die gemäß Hegel »der ruhi-
gen Idealität der Skulptur entgegen« ist.[27] Sie strahlen also
keine reine ›Geistigkeit‹ aus und können so auch nicht zu

Verkörperungen eines Ideals, zu Manifestationen des Göttlichen werden. Freilich widerspräche das ohnehin der christlichen Gottesvorstellung, derzufolge göttliche Allmacht zwar im Menschen wirkt, dieser jedoch nicht eins mit ihr sein kann, weil er sonst selbst vergöttlicht würde. Der Mensch steht vielmehr in einem Bezug auf diese Allmacht und kann, wenn er sich ihr fügt, zu einer Harmonie mit dem Göttlichen finden.

In der Naumburg-Literatur wird kaum darüber nachgedacht, warum die Stifterfiguren nicht klassisch sind. Zu wissen, daß sie aus dem 13. Jahrhundert stammen, genügt schon, um sie mit antiken Statuen gar nicht erst in Verbindung zu bringen. Lediglich der katholisch-spekulative Dichter Konrad Weiß, der ein zweibändiges Reisebuch mit einer Würdigung der Naumburger Stifterfiguren einleitet, benennt – durchaus in Nähe zu Hegels Bestimmung – einen Unterschied zwischen ihnen und klassischer Kunst. Es werde in ihnen, anders als bei den Werken »der uns zunächst gültigen südlichen Welt«, eine »stärkere Spannung« erlebt, die dann als »Zwiefältigkeit zwischen Tun und Dasein« interpretiert wird:

Man bemerkt das zwiefache Leben der Figuren auch so, daß man bei ihnen ein handelndes, sprechendes, worthaftes Tun wahrnimmt, das in den Raum geht, und dagegen ein gesichtshaftes oder bildhaftes Dasein, das sozusagen viele Blicke auf sich nehmen kann, während es sich doch in sein eigenes Gesicht hineinschweigt. Bei klassischen Figuren ist statt dieser Zwiefältigkeit zwischen Tun und Dasein ein einheitliches Sein, das eine gesamte Gültigkeit hat. Hier aber will sich die Gültigkeit immer vom Einzelnen her und wie aus der Beharrlichkeit eines erwachten Gesichts neu behaupten. (…) So gilt in diesem Reich der Figuren ein starkes physiognomisches Wesen, und dieses, wie es etwas Trotziges hat, hat auch etwas Schicksalhaftes, ja eben damit manchmal fast Schuldhaftes, so als ob der Vollzug eines Schicksals mit Schuld umwittert sein müsse. (...) Die Figuren des Mittelalters sind keine Vorbilder, sondern Zeugnisse.[28]

Um als Vorbilder zu wirken, dürfte also nichts »Einzelnes«, Individuelles, keine Spannung das allgemeingültige Menschsein stören.[29] Zumindest für die Figur der Uta scheint jedoch zu gelten, daß sie nicht nur als Zeugnis des mittelalterlichen Menschen oder eines spezifischen Menschentypus verstanden wurde, sondern ähnlich einer klassischen Skulptur zum Ideal, zum Maßstab und so zum Vorbild erhoben werden konnte. Sie verkörpere »das deutsche Frauenideal (...), das immer und ewig unsere Sehnsucht bleiben wird«[30], heißt es sinngemäß sehr oft. Vermochte man sich auch mit den anderen Stiftern zu identifizieren, so war es doch allein sie, die nicht nur als Spiegel, sondern als Überhöhung, als großes, unerreichbares Ziel des eigenen Menschseins gepriesen wurde. Ähnlich wie bei einer klassischen Skulptur wird also auch nur von ihr behauptet, sie sei »ganz in sich gesammelt«[31], »sehr ruhig und kühl« in ihrer Erscheinung, »klar und makellos« und »nach außen hin fast unbeteiligt«[32]; »Stolz und Würde sind (...) betont«.[33]

Andere Bemerkungen zu Utas Erscheinung bestätigen ihre Nähe zur klassischen Skulptur: So paßt die »schmale, beherrschte Oberlippe über der vollen, sinnlich kräftigen Unterlippe«[34], die die Frauenrechtlerin Gertrud Bäumer an Uta fasziniert, zu Hegels Skulpturenideal, zeugt es für ihn doch von »Bedeutsamkeit und Fülle des Gemüts«, wenn »die Unterlippe voller als die obere« ist.[35] Der Mund signalisiert so vor allem Distanz. Auch wird – wieder von Gertrud Bäumer – Utas »gestreckte und stolze Haltung« hervorgehoben[36]; sie gilt als aufrechter denn die anderen Stifter, womit sie Sicherheit und Unabhängigkeit verkörpert. »Dadurch schon hat die aufrechte Stellung einen geistigen Ausdruck, insofern das Sichaufheben vom Boden mit dem

Abb. 9   *Uta als Ikone*

Willen und deshalb mit Geistigem und Innerem in Zusammenhang bleibt« – heißt es hierzu bei Hegel.[37] Wie das Mienenspiel lehnt er auch die Suggestion von Gesten oder extrovertierten Bewegungen ab, da damit ebenfalls nur Akzidentelles dominiere. Der Eindruck von Steife und Stumpfheit muß also durch eine ungestische, gleichmäßig die gesamte Figur durchdringende Bewegtheit verhindert werden. Entsprechend kann man über Uta lesen: »Ihre Bewegung kommt von einer inneren Mitte her, wie sie sonst nur dem plastischen Instinkt der Griechen entspringt.«[38]

Da Uta also die Voraussetzungen des klassischen Skulpturenideals relativ genau erfüllt und eher als Vorbild denn als bloßes Zeugnis wirkt, gibt es auch die Tendenz, ihr wie einer Göttin zu begegnen. Bei Schelling findet sich einmal der Gedanke, daß die zum klassischen Ideal gelangte plastische Kunst sogar ohne bereits bestehende Mythologie »durch sich selbst auf Götter gekommen« wäre.[39] Die Klassizität erzwingt geradezu Verehrung und Idolisierung, was auch erklärt, daß man in einem Dom – und überhaupt in einem christlichen Umfeld – nach Klassischem von vornherein nicht suchte: Es hätte sich vom Glaubensverständnis her verboten, den Menschen vergöttlicht – oder auch nur als göttlich interpretierbar – darzustellen.

In einer Erzählung über den Westchor ist es sogar Thema, wie die Figur der Uta den christlichen Glauben provozieren kann. Es geht darin um die Lebensbeichte eines alten, erblindeten Klosterbruders, der als junger Mann und Steinmetz zur Werkstatt des Naumburger Meisters stößt und dort wegen seiner Begabung mit der Arbeit an der Uta-Statue betraut wird. Er steigert sich, ganz Perfektionist, in die Arbeit hinein, bis er feststellen muß, daß »das Bildnis (…) Gewalt über mich gewonnen« hat. Schließlich empfindet er sich gar als »Götzendiener«: »ich hatte mir ein Bild gemacht, es anzubeten«. Daraufhin will er das Uta-Bild zerstören, verstümmelt sich jedoch lieber seine rechte Hand, um fortan nicht mehr als Steinmetz wirken zu können. Die aufgestellte Uta aber macht aus dem Westchor »ein weltliches Werk« und widerspricht christlicher Gesinnung.[40]

Meist jedoch waren die Implikationen der klassischen Figurenkunst nicht gegenwärtig, weshalb man auch keine Schwierigkeiten mit der Idealität der Uta-Skulptur hatte und sie mit der christlichen Bestimmung des Westchors ganz naiv verband: Man interpretierte sie nämlich einfach zu einer Heiligen um und sanktionierte so ihre Verehrung. Das zeigt sich nicht zuletzt an der Beliebtheit, die der – davor fast unbekannte – Mädchenvorname »Uta« in den Jahren der größten Naumburg-Euphorie, zwischen 1925 und 1945, erlangte.[41]

Dieser Name besitzt sogar einen Vorzug gegenüber Heiligennamen: Während es von den meisten Heiligen viele Bilder gibt, womit im Grunde keines verbindlich ist, hat »Uta« eine eindeutige Referenz. Dabei ist der Grund für diese Namensgebung auch allein die Uta-Skulptur, da man über die historische Markgräfin zu wenig weiß. Die Skulptur repräsentiert also nicht lediglich deren Eigenschaften, sondern alles, was man mit »Uta« verbindet, ist unmittelbar aus dem Bild der Skulptur entstanden. Sie ist nicht Abbild oder Illustration, sondern das Urbild. Der Name wird aufgrund dieser Verbindlichkeit fast zu einem verpflichtenden Begriff, weshalb manche, die ihn trägt, von sich auch nicht sagt: »Ich heiße Uta«, sondern: »Ich bin eine Uta.« Die meisten begleitet das Bild der Uta, wenigstens die Jungmädchenjahre über, als Fotografie über dem Bett, als bereits zur Geburt geschenkte Uta-Büste oder als in der elterlichen Wohnung aufgestellte Uta-Statuette. Der Bezug zum eigenen Namen sowie der damit verbundene Anspruch ist bei vielen ›Utas‹ also konkreter und stärker und wird manchmal auch problematischer empfunden als bei anderen Menschen.[42]

In wenigstens einer (bereits angedeuteten) Hinsicht verfehlt aber auch Uta das klassische Ideal. Es sind die Reste einer Bemalung, welche immer wieder irritierten: Durch sie erhalten die Stifter einen fixierten Blick, der Individualität verleiht und der Gestalt ihren gleichmäßigen, einheitlichen Charakter nimmt. Hegel dazu: »Die Skulptur hat die Totalität der äußerlichen Gestalt zum Zweck, (...) so daß ihr die Zurückführung auf den einen einfachen Seelenpunkt und die Augenblicklichkeit des Blicks nicht erlaubt ist.«[43] Auch wenn die – ihrerseits nicht mehr originale – Bemalung nicht deckend und kräftig erhalten ist, genügt sie, damit der Betrachter die Stifter als individuelle Personen aufnehmen kann. Das zuerst Befremdliche einer blicklosen Figur, die in sich ruht und nicht mit Blicken zu erreichen ist, muß so nicht ausgehalten werden.

Daß die griechischen Skulpturen – und ihre römischen Kopien – ursprünglich ebenfalls bemalt waren, spielt keine Rolle, denn für Hegel – und für den gesamten Klassizismus – sind sie ideal gerade in der Form ihrer Überlieferung, in konzentrierter Blicklosigkeit, marmorweiß, glatt und kalt. Schon der gräuliche Muschelkalk, aus dem die Stifterfiguren gearbeitet sind, war für damalige Augen ein Manko, und die Bemalung wurde generell als naiv und entadelnd empfunden. In den wenigen, meist lustlos verfaßten Sätzen über die Stifter im 19. Jahrhundert heißt es sinngemäß also immer wieder: »Die Statuen des Naumburger Doms waren bunt bemalt, freilich nicht zu ihrem Vortheil, da die Formenbestimmtheit darunter leidet.« Im weiteren wird eingeschränkt, daß die Farbigkeit immerhin den »Schein der Lebendigkeit« zu erhöhen vermöge.[44]

Diese Lebendigkeit ließ es zu, konkrete Situationen und individuelle – existenzielle – Geschichten für die Stifter zu erfinden, was vor allem diejenigen anzog, denen das klassizistische Ideal zu spröde war. Uta nun war, im Kreis der anderen Figuren, zwar lebensnah wie diese, faszinierte zugleich aber wegen einer Klarheit und Strenge, die ihr die Ausstrahlung von Idealität verlieh. Damit konnte sie insgesamt als Vorbild wirken, durchaus noch als menschliches Vorbild, das das Allzumenschliche der anderen Figuren aber überhöhte. So überzeugte sie gerade in der Mischung aus Lebensnähe und Klassizität. Wer dieser anhing, dem stand sie näher als die übrigen Figuren, ein auf Expressivität setzender Betrachter empfand sie aber dennoch nicht zu entrückt. Auf diesem Schnittpunkt eines gräkophilen Humanismus und eines pathetisch-romantischen Expressionismus trafen sich in Deutschland in den ersten Jahrzehnten des 20. Jahrhunderts verschiedene Strömungen sonst durchaus unterschiedlicher Mentalität. Die ideologische Besetzung der Stifter und das Interesse vor allem an Uta braucht also nicht zu verwundern und kann sogar als besonders plakatives Beispiel für das Verhältnis dieser Zeit zur Kunst gelten.[45]

DIE DEUTSCHE ARTEMIS

Die Reinheit der Züge konnte
bisher nicht wiedergegeben werden.[46]

UTA WIRD IN VIELEN BESCHREIBUNGEN zu »Frau Uta«, während man sich bei den anderen Stifterfiguren meist mit dem bloßen Namen begnügt. Die Anrede »Frau« ist Reflex auf ein Empfinden von Scheu und Distanz, das sich auch in Äußerungen wiederfindet, in denen ihr ehrfurchtgebietende Hoheit und Würde nachgesagt werden. Unnahbar erscheint jedoch auch eine schüchterne, in sich gekehrte Person, ein anmutig-zartes Mädchen, das man in Uta ebenfalls häufig erblickte. ›Unnahbarkeit‹ ist also eines ihrer zentralen Attribute, und entsprechend werden ihr sowohl »unnahbare Anmut«[47] als auch »herrschaftliche Unnahbarkeit«[48] attestiert. Die Unnahbarkeit spiegelt jeweils ein Befremden des Betrachters und ist im übrigen auch Grundlage dafür, in Uta etwas Unerreichbares - ein Ideal - verkörpert zu sehen, dem man mit Andacht und Bewunderung begegnet.

Diese beiden Formen von Unnahbarkeit verbanden sich in der griechischen Kultur zur Gestalt der Göttin Artemis, die in Uta für ein paar Jahrzehnte eine heimliche, nie als solche namhaft gemachte Nachfahrin gefunden zu haben scheint. Vor allem wenn sie auf einer Fotografie begegnet, nicht als Teil des Chorraums und vielleicht nicht einmal zusammen mit Ekkehard, war das christliche Ambiente leicht zu vergessen und dafür eine Affinität zur Beschreibung der Artemis naheliegend.

Artemis verkörperte gerade die Eigenschaften von jungfräulicher Scheu und herrischer Strenge: Sie hatte – so der Altertumswissenschaftler Walter F. Otto – »etwas Geheimnisvolles, Unnahbares, Abstandgebietendes« an sich und war dabei zugleich von »süßester Lieblichkeit und diamantener Härte«, »mädchenscheu, flüchtig, unfaßbar, und plötzlich schroff entgegengerichtet«. Einerseits war sie »nach Art einer echten Jungfrau«, sanft, keusch und auch abweisend, andererseits begegnete sie als hohe schimmernde Herrin, die Reine, die zum Entzücken hinreißt und doch nicht lieben kann«. Sie galt als »eine große und vornehme Erscheinung« und war »immer die unstete Königin der Einsamkeit, die Zauberische und Wilde, die Unnahbare und Ewig-Reine«.[49]

Auch Uta wird als »scheues Wild« bezeichnet[50], »fordert Abstand«[51], habe »etwas Strenges in all ihrer mädchenhaften Lieblichkeit«[52], »edel und herb, kühl und einsam« sei sie.[53] Ein »spröder Reiz«[54] gehe von ihr aus, mit »scharfen und doch sanften Augen«[55] blicke sie, »abweisende Strenge und lockende Fraulichkeit«, »Verhüllung und Enthüllung« zugleich darbietend[56], dabei von »verschlossener Keuschheit« in ihrem Wesen.[57] Mit solchen, häufig wiederkehrenden Epitheta wird also Artemis aus griechischer Vorgebirgslandschaft – »sie liebt die Einsamkeit der Wälder und Berge«[58] – in den Norden, nach Deutschland versetzt, wo sie als Uta fortlebt, »aus der Lebensgemeinschaft mit dem deutschen Wald, mit langem, hartem Winter voll Einsamkeit und Grauen im Finstern, (…) Frühlingsstürmen über tauendem Schnee, hart und herb, aber mit innerster Lindheit getränkt. Ein Gesicht, in das Schnee und Wind geschnitten hat und das dadurch fester geworden ist in seinen Zügen.«[59]

Das beklemmend Zivilisationsferne von Natur, die spannungsgeladene Stille oder Sprachlosigkeit einer unbesiedelten Landschaft, die sich dennoch plötzlich in beglückendem Zauber darbietet, mußte für die Griechen einst eine so intensive und geheimnisvolle Erfahrung gewesen sein, daß sie vergöttlicht werden konnte und schließlich in die Gestalt der Artemis einging. Dieses Ineinander von Liebreiz und abweisend Schroffem kehrt nun als deutsche Waldseligkeit wieder. Uta bleibt auf Distanz und gibt ihr zartes Wesen nicht preis, ihre Kühle weckt Sehnsüchte, die unerfüllbar bleiben.

Allerdings ist sie nicht allein, und es befindet sich neben ihr auch kein brüderlicher und wesensgleicher Apoll, sondern der Gatte Ekkehard. Während Artemis also ungebunden und zurückgezogen lebt und dabei niemand Rechenschaft abzulegen braucht, ist der Fall von Uta problematischer. Ihre Spröde wendet sich nämlich ebenso gegen den eigenen Mann, was für die meisten vor allem ihr hochgeschlagener Mantelkragen signalisiert. Es ist insofern auch bezeichnend, daß viele, die Uta nur von Fotografien her kennen oder die sich Jahrzehnte nach ihrem Naumburg-Besuch an sie erinnern, sie als Solitärfigur »am Dom«[60] oder gar vor dem Dom, in Distanz zum Kirchenbau, erwarten und sehr irritiert sind, sie an der Seite eines Mannes zu finden.

Zur verhohlenen Artemis-Nachfolge paßt schließlich auch, daß die meisten belletristischen Texte Uta in einem spannungsvoll-unglücklichen Verhältnis zu Ekkehard sehen. Dieses Mißverhältnis gegenüber ihrem Mann macht sie freilich auch menschlich-konkret, gibt ihr gleichsam eine Geschichte und schwächt so die Tendenz, in ihr ausschließlich ein (klassisches) Ideal, eine Heilige oder gar Göttin zu sehen. Allein *daß* Uta verheiratet ist, verleiht ihr einen gegenüber Artemis eher biederen Zug.

Die Ehe Utas kann also als Störung einer Idealität empfunden werden, wie denn offenbar auch insbesondere Mädchen, die ihre Jungfräulichkeit und ›Reinheit‹ für schützenswert hielten, gerne Uta-Bilder in ihre Zimmer hängten, um diese ähnlich wie Altarbilder zu verehren.[61] Das Mißfallen über Utas Status als Ehefrau richtet sich manchmal auch direkt gegen Ekkehard, dem dann – so in fast allen Romanen – ein herrisch-kalter Charakter unterstellt wird oder der sich gar als Unperson vorführen lassen muß. Am deutlichsten wird dies in der quellenkundig historisch-kritisch getarnten Schrift *Der Stifter der Stifter* von Robert Stöwesand, der Ekkehard als gewissenlosen Schwerkriminellen darstellt, als »Heuchler und Meuchler« von »abgrundtiefer Gemeinheit«, dem es »nicht das Geringste ausmacht, wenn seine Frau am Wege liegen bleibt«. Schließlich bekommt Ekkehard aber auch sein verdientes Ende zugedacht: »Man sieht es förmlich vor sich, wie eines Tages unvermutet Ekkehard (...) von plötzlicher Atemnot befallen blaurot anläuft, vergeblich nach Luft ringt und, ohne daß ihm jemand in seinem furchtbaren Anfall helfen kann, nach einem gräßlichen Todeskampfe elend verröchelt. Gehenkte sterben auch so ähnlich.«

Dieser verbale Bildersturz bezeugt eindrucksvoll den Versuch, Uta aus allen Bindungen befreit zu sehen, einsam, zwar liebreizend, aber doch immer unnahbar. Entsprechend wird auch die Formation des Ehepaars im Dom interpretiert:

Wie unerträglich das Dasein neben einem solchen Mann für eine echte Frau gewesen sein muß, enthüllt die Darstellung der zwei im Naumburger Dom in erschütternder Weise. (...) Ekkehard und Uta sind (...) ein ungleiches Ehepaar. Das hat der Meister ihrer Statuen deutlich genug durch die Geste der Abschirmung gekennzeichnet, dieses unübersehbare abwehrende Erheben des Armes und der Hand, die nicht nur wie in einem Schlupfwinkel unter den Kragen des Mantels unterkriecht, als suche sie eine bergende Zuflucht, sondern den Kragen selbst in seiner vollen Höhe als eine Scheidewand von dem Manne und gegen den Mann aufstellt und aufrichtet, und starr und steil fällt dann von da das ganze lange Mantelgewand in einem Sturz bis auf den Boden. Auf der dem Manne abgekehrten Seite ist Leben und Bewegung, da bauschen sich die Falten, da blüht die junge Brust, da lockt die edle Hand, daß man die Stirn darüber neigen möchte; doch auf der Seite, wo der Mann steht, ist nichts als der starre Trenner der Stellwand, doppelt eindrucksvoll und ausdrucksvoll und auffallend das alles in der wuchtvollen Schwere des Steins und in seiner starren Unverrückbarkeit. Nicht hart wie Stein, sondern selber harter und unverrückbarer Stein bezeugt diese Geste und Haltung nun schon jahrhundertelang hart und steinern und unverrückbar immer nur das eine: Rühre mich nicht an! Rühre mich nicht an![62]

Daß Uta aus Stein ist und nicht lebt, wird also auch noch Ekkehard angelastet. Immerhin »blüht« die ihm abgewandte Seite mit der »edlen Hand«, von der es anderswo heißt, sie liege »auf dem schmerzenden Herzen, ein graziles Gebilde, in seiner Zärtlichkeit und Zerbrechlichkeit«. Doch Beschützerinstinkte und Ansätze zu einer schwärmerisch-erotisierten Huldigung werden in Zaum gehalten von faszinierter Ehrfurcht. So fehlen auch Invektiven gegen zeitgenössische Mitverehrer – vielmehr ist das Buch sogar »Allen, die Uta lieben« gewidmet; und in allgemeiner Formulierung heißt es ferner: » ... bis heute ist zumal der Deutsche nicht müde geworden, Utas schönes Bild in liebender Scheu zu verehren und anzubeten«.[65] Da ist sie wieder: die Heilige, die den Betrachter scheu werden läßt, weil sie selbst scheu und abweisend ist, die nahe und zugleich ferne Göttin, die man verehren und anbeten, aber nicht eigentlich begehren kann, die deutsche Artemis.

Als solche läßt sich Uta noch mit einer anderen weiblichen Kultfigur in Verbindung bringen, nämlich mit Elisabeth von Österreich, der dieselbe Mischung von menschenscheuer Zurückgezogenheit und stolzer, emanzipierter

ABB. 10   *Das Ehepaar: Ekkehard und Uta*

ABB. 11   *Ekkehard – ein »Heuchler und Meuchler«?*

Strenge nachgesagt wird. Dem Hofzeremoniell und der
ehelichen Verbindung zu Kaiser Franz Joseph, der, ähnlich
Ekkehard, als verständnislos und unsensibel gegenüber
seiner Frau dargestellt wird, entzog sie sich weitgehend,
verschwand als anonym Reisende irgendwo in Europa, ja
wurde völlig unsichtbar: »Elisabeth kann dem Vergleich mit
der scheuen Jagdgöttin der griechisch-römischen Mythologie schlechterdings nicht entrinnen.«[64]

Freilich gehören Kühle und Distanzierung auch zum Repertoire einer Demonstration von Macht. Wie bei Elisabeth wird ebenso bei Uta das Charisma einer Königin oder Kaiserin bewundert: »Jeder Zoll eine Königin« – heißt es emphatisch etwa bei Heinrich Bergner, dessen Uta-Beschreibung insgesamt viele Artemis-Elemente enthält.[65] Ihre Krone konnte man zudem einfach zur Thron-Insignie umwidmen, so daß sich mit Uta die in den nachmonarchistischen (wie auch nationalsozialistischen) Jahren vorhandene Leerstelle einer First Lady notbesetzen ließ. Damit erhielt nicht zuletzt ihr Ehestatus einen gewissen Sinn, und aus einer unnahbaren Artemis machte man eine unnahbare Herrscherin: »Diese Uta bewegt sich mitten zwischen Untergebenen.«[66]

ANMUT UND WÜRDE

Welche Seelenvorgänge spiegeln sich in dem
feingeschnittenen, wissenden Gesicht der Uta?[67]

DIE GEGENSÄTZLICHEN ZÜGE der Artemis faszinieren bei
Uta manchmal so, als wäre mit ihr ein Paradox geglückt.
»Hier ist dem Künstler ein deutsches Frauenbild gelungen,
das Hoheit und Liebreiz in wunderbarem Maße vereinigt« –
heißt es bei August Schmarsow, und weiter fragt er staunend, »wie es einem Künstler des 13. Jahrhunderts möglich
gewesen, diese echt weibliche Verbindung von Grazie und
Unsicherheit in der Haltung der keuschen Glieder zu beob-
achten und mit dieser schüchternen Wahrheit wiederzugeben, während der Gesamterscheinung des Standbildes die
volle Hoheit bewahrt bleibt«.[68] Dasselbe wird einige Jahre
später bekräftigt: »Schließlich können doch Worte (...) diese wunderbare Verbindung von Strenge, Stolz, Grazie und
mädchenhafter Schüchternheit nicht im entfernten wieder-
geben. Es ist kein landläufiger Typus.«[69] »In anmutigstem
Gegensatz« zu Ekkehard stehe Uta, »eine zarte Gestalt und
doch voll Hoheit«.[70] Oder: Uta ist »mädchenhaft und zart.
Aber sie ist auch hoheitsvoll und mit edlem Anstand stolz in
der gestreckten Haltung ihrer Jugend (...). Nie läßt sich in
ein Wort fassen, was ihr Wesen ausmacht.«[71]

ABB. 12   *Uta*

Freilich kommt es ebenso vor, daß nur einer der beiden
Züge - dafür um so prononcierter - hervorgehoben wird.
Entweder wird Uta dann ein anmutiges Aussehen unter-
stellt, oder es wird einseitig darauf hingewiesen, wie sehr
sie Hoheit und Strenge vermittelt. Im ersten Fall preist man
Uta als »stillen, sanften Engel«[72], oder man erblickt in ihr

einen »spezifischen Zug weiblicher Zartheit, dem etwas Schwingendes (...) eignet«.[73] Andernfalls trägt Utas Bewußtsein »fast männliche Züge und doch zugleich auch die Würde einer Frau – einer Adelsfrau an den Grenzmarken des Reiches (...). Steil aufgerichtet ist die Statue der Uta (...) Stolz und Würde sind darum noch stärker betont.«[74]

Anmut wird von Schiller als unbeabsichtigter Widerschein eines ausgeglichenen Gemüts beschrieben, als Ausdruck »innerer Selbständigkeit« des Menschen. Besonders Grazie ist so als Zeichen sittlicher Reife und ausgebildeter Vernunft aufzufassen, womit eine anmutige Erscheinung nicht bloß angenehm anzuschauen ist, sondern den Betrachter in seinem eigenen Menschsein anspricht und gar an sein moralisches Gewissen appelliert. Sich anmutig geben zu können, heißt »einig mit sich selbst« zu sein, was für Schiller »das Siegel der vollendeten Menschheit und dasjenige ist, was man unter einer *schönen Seele* verstehet«.[75]

Doch taugt die Figur der Uta als Bild einer »schönen Seele«? Ihre Haltung und Gestik wirkt auf viele, als müsse sie einen Affekt beherrschen und um Ruhe und Freiheit eigens ringen. Phantasievoll wird dazu auch gerne eine dramatische Szenerie erdacht: »Entsetzt fährt der rechte Arm mit dem Mantel gegen die Wange hoch, um vor dem blutigen Anblick zu schützen«, der sich im Halbrund des Chors bieten soll, wo Dietmar und Timo angeblich einen Kampf austragen.[76] Oder es heißt, sie errichte mit ihrem ins Gesicht gezogenen Mantel, »eine Schranke (...) der Abwehr und des Grauens«.[77] Je gewaltsamer das Geschehen ist, in das Uta involviert sein soll, desto mehr kann sie allerdings auch dafür bewundert werden, wie sie ›dennoch‹ Fassung wahrt. So wird sie einerseits als stark, sicher und vornehm gepriesen, andererseits aber geht die Kraft, die ihre Haltung kostet, offenbar nicht auf Kosten der Anmut; trotz der Dramatik, in die sie verwickelt ist, bleibt Uta »die anmutigste aller Frauen«.[78]

Diese Charakteristik entspricht genau Schillers Ausführungen darüber, wie sich eine grundsätzlich anmutige Erscheinung in der Erregung zu verhalten habe. »Die *schöne* Seele muß sich (...) im Affekt in eine *erhabene* verwandeln ...«, muß also ihre Selbständigkeit dadurch wahren, daß sie den Affekt durch Willenskraft kontrolliert. »Beherrschung der Triebe durch die moralische Kraft ist *Geistesfreiheit*, und *Würde* heißt ihr Ausdruck in der Erscheinung.« Als »Ruhe im Leiden«, aber ebenso als Strenge und vielleicht sogar als Stolz bekundet sich die Würde, da sie ja einen Sieg vernunftgemäßer Selbstbestimmung und ihrer Prinzipien verkündet und so die in der Anmut bezeugte sittliche Reife bestätigt.

Die Anmut gibt also gleichsam den Grundton an und bestimmt den durch geistige Bildung und Reife natürlich gewordenen Ausdruck, während die Würde nur in Situationen emotionaler Herausforderung in den Vordergrund tritt. Was zuerst als paradoxe Gegensätzlichkeit erschienen sein mag, erweist sich somit als einander ergänzend, und »da Würde und Anmut ihre verschiedenen Gebiete haben, worin sie sich äußern, so schließen sie einander in derselben Person, ja in demselben Zustand einer Person nicht aus«.[79]

Trifft man auf eine solche Verbindung von Anmut und Würde, »werden wir« - so Schiller - »abwechselnd angezogen und zurückgestoßen; angezogen als Geister, zurückgestoßen als sinnliche Naturen«. Anziehend ist die Leichtigkeit, mit der sich innere Selbständigkeit - und damit die Bestimmung des Menschen als Vernunftwesen - in der Anmut zeigt, während die Würde Selbstbehauptung signalisiert und so eher Ehrfurcht gebietet. Auch hierbei trennt Schiller nochmals »verschiedene Abstufungen«, so daß die Würde »da, wo sie sich der Anmut und Schönheit nähert, zum *Edlen* [wird], und wo sie an das Furchtbare grenzt, zur *Hoheit*«.

Schließlich werden für Anmut und Würde auch mehrere Intensitäten unterschieden, wobei »der höchste Grad der Anmut (...) das *Bezaubernde*, der höchste Grad der Würde die *Majestät*« ist; über letztere verfügt »nur das Heilige«.[80] So sind Anmut und Würde lediglich zwei Markierungen in einem reich differenzierten Feld von Eigenschaften und Erscheinungsweisen.

Die Beschreibungen der Uta befinden sich innerhalb desselben, um Anmut und Würde angesiedelten Kontinuums; von reizend bis hoheitsvoll, von bezaubernd bis heilig staffeln sich die ihr zugeschriebenen Attribute. Anziehen und zurückstoßen kann also auch sie, wobei diese Formel Schillers nur das klassische Skulpturenideal sowie den damit verbundenen Anspruch auf Erhebung und Läuterung variiert. Auch die Charakteristik der Artemis ist hier wieder offenkundig, die zugleich liebenswert vertraut und befremdend-schroff erscheint – »zugleich fern und nah«[81], wie es von Uta heißt.

Wie sehr Schiller bei seinen Überlegungen selbst an klassische Skulpturenkunst dachte oder gar davon geleitet wurde, bleibt im übrigen nicht verborgen, wenn er die Vereinigung von Anmut und Würde als ideal-vollendeten »Ausdruck der Menschheit« preist: »Nach diesem Ideal menschlicher Schönheit sind die Antiken gebildet, und man erkennt es in der göttlichen Gestalt einer Niobe, im belvederischen Apoll, in dem borghesischen geflügelten Genius und in der Muse des Barberinischen Palastes.«[82] Insofern das »Ideal menschlicher Schönheit« aber gerade im Ausdruck der Autonomie besteht, wird den Statuen – als leblosen Steinfiguren – auch das Vermögen zugesprochen, das ›innere Wesen‹ des Menschen zu repräsentieren. Um überhaupt ein klassisches Skulpturenideal ausbilden zu können, muß sogar eine solche Repräsentationsfähigkeit vorausgesetzt werden.

Ästhetische und charakterologische Urteile hängen aber ohnehin so eng zusammen, daß sie sprachlich kaum auseinanderzuhalten sind. Vokabeln wie »edel«, »hoheitsvoll«, »bezaubernd« oder »heilig«, die Schiller auf Anmut und Würde bezieht, verbinden also in ihrer Bedeutung jeweils einen äußeren Eindruck mit einem inneren Wert. Wenn Schiller eine Artikulation des Inneren durch die Erscheinung behauptet, ist das somit weniger eine kühne These als die philosophisch reflektierte Konsequenz einer nicht zuletzt in der Sprache festgesetzten Gewohnheit. Niemand braucht erst dazu aufgefordert werden, das, was er an einer menschlichen Gestalt äußerlich wahrnimmt, als Indiz für deren Charakter zu nehmen.

Handelt es sich beim Gegenüber jedoch um eine Skulptur aus Stein, so geht der Schluß auf ein ›Inneres‹ in gewisser Weise ins Leere. Man muß also der Verführungskraft der Sprache widerstehen, um nicht der Skulptur einen Charakter zu unterstellen und sie gar zu einer realen Person zu machen. Bei Beschreibungen der Uta geschieht gerade dies immer wieder, zumal sie zwar in Kategorien von Anmut und Würde als ideal allgemeines Vorbild gewürdigt wird, zugleich jedoch Lebensnähe und Individualität in ihr gesucht werden:

Uta [steht] in erhabener Unnahbarkeit und seelischer Harmonie, wie keine andere [der weiblichen Stifterfiguren] in Haltung und Ausdruck Symbol des mittelalterlichen Frauenideals. Die gleichmäßig schönen Züge des wohlgeformten Kopfes, die zarte wohlgepflegte Hand, die das Gewand gefaßt hält (...), die aufrechte und zugleich anmutige Haltung zeugen von feinster Formkultur und ritterlichem Adel. Aber die Hoheit, die über die ganze Gestalt gebreitet ist, darf nicht allein von hier aus verstanden werden. Die vollendete Schönheit der äußeren Form wird vertieft und veredelt durch hohe sittliche Bildung. Der Zauber, der von ihr ausgeht, ist vor allem auch der Zauber seelischer Reinheit. Die starke Willenskraft, die sich in ihrem beherrschten Antlitz ausprägt, zeugt von geistiger Aktivität, aber auch von strengen Forderungen gegen sich selbst im Sinne der ›Zucht‹ und der ›Maße‹. Man spürt: diese Frau hat sich selbst in der Hand, und diese Selbstdisziplin befähigt sie zum Herrschen und Gebieten auch über andere (...). Und doch bei aller inneren Sammlung und geistigen Wachheit nirgends eine Verleugnung ihres Frauentums. Der volle Mund, die feinen Nasenflügel, der in die Ferne gerichtete Blick künden im Gegenteil von Anmut und seelischer Zartheit.[83]

Spätestens wenn von einer Vertiefung der schönen Form die Rede ist, wird der Fehlschluß auf ein ›Inneres‹ eingeleitet, der sich dann wortreich ausbreitet: »Sittliche Bildung«, »seelische Reinheit«, »starke Willenskraft«, »geistige Aktivität«, »Selbstdisziplin«, »innere Sammlung«, »geistige Wachheit«, »seelische Zartheit« – jedes Attribut ruft ein weiteres herbei, worüber vergessen wird, daß eigentlich eine Skulptur beschrieben werden soll.

Hier verbinden sich wieder die beiden Haltungen, mit denen man sich den Stifterfiguren – und zumal der Uta – näherte: Verweist eine Beschreibung in den Kategorien ›Anmut‹ und ›Würde‹ auf ein Nachwirken klassisch-humanistischer Traditionen, so erklärt sich die distanzlose Vereinnahmung des Ästhetischen zugunsten eines ›Inneren‹ aus dem existentiellen Bedürfnis nach einem seelenvoll-intensiven Leben.

Wenn Schiller eine Skulptur beschreibt, bleibt hingegen noch eine gewisse Distanz gewahrt, und die Aussage, sie strahle Leichtigkeit und zugleich Strenge aus, führt nur dazu, ihr *wie* einem anmutig-würdigen Menschen Sympathie und Achtung entgegenzubringen. Anstatt ausgehend von der Erscheinung auf ein ›inneres Wesen‹ zu schließen, interessiert Schiller also eher ihre Wirkung auf den Betrachter:

Es ist weder Anmut, noch ist es Würde, was aus dem herrlichen Antlitz einer Juno Ludovisi zu uns spricht; es ist keines von beiden, weil es beides zugleich ist. Indem der weibliche Gott unsre Anbetung heischt, entzündet das gottgleiche Weib unsre Liebe; aber indem wir uns der himmlischen Holdseligkeit aufgelöst hingeben, schreckt die himmlische Selbstgenügsamkeit uns zurück.

Diese Konzentration auf die Wirkung der Skulptur ergibt sich bei Schiller daraus, daß er, stärker noch als die meisten seiner Zeitgenossen, die ebenfalls ausgehend von antiker Plastik über Kunst schrieben, deren läuternde und befreiende Kraft aufweisen will. Ästhetische Erziehung entsteht für Schiller gerade dann, wenn man der Duplizität von Anmut und Würde begegnet. Die Idealität und Selbständigkeit der Skulptur führt zwar die eigene Schwäche vor Augen, doch wird der Betrachter dadurch nicht eingeschüchtert, sondern fühlt sich sogar angezogen und befreit, wenn er das Gleichmaß und die Ruhe einer in sich völlig klaren Gestalt bemerkt. Gemäß Schiller wird der Rezipient so auf seine eigene Bestimmung verwiesen und in die Lage versetzt, sich überflüssiger Bindungen und Beschränkungen zu entledigen, ja sich in innerer Selbstständigkeit Prinzipien zu geben. So kann es der Kunst gelingen, daß dem Menschen »die Freiheit zu sein, was er sein soll, vollkommen zurückgegeben ist«.[84]

Zu dieser entschiedenen Absage an Programmkunst, welche bestimmte Inhalte (ideologisch) zu vermitteln versucht, trägt freilich auch bei, daß Schiller - wie die klassische Ästhetik insgesamt - mit der antiken Skulptur Werke zum Maßstab erhob, deren einst gewiß vorhandene Programmatik längst unerschließbar geworden war. Ohne ihr ursprüngliches, inhaltsstiftendes Ambiente lassen sich diese Werke - im Grunde zusammenhanglos gewordene Relikte einer fernen Vergangenheit - nämlich viel müheloser ›rein‹, als allgemeine Inbilder des Menschen deuten, die den Betrachter vor allem auf sich selbst zurückwerfen.

Auch im Fall des Naumburger Westchors sind die ursprünglichen Gründe für die Konzeption nicht überliefert. Während die Kunstwissenschaft seit mehr als einem Jahrhundert darüber diskutiert, ist also eine von historischen Vorgaben freie und dafür subjektorientierte Rezeption der Stifterfiguren ebenso möglich wie bei Juno und Apoll. In begeisterten Erfahrungsberichten wird ihre Wirkung zum Teil entsprechend Schillers Vorstellung einer ästhetischen Erziehung als läuternd und befreiend beschrieben:

> Schwer nur trennt sich der Beschauer von dieser stillen Versammlung, in der er sich festlich heiter und zugleich ein wenig dürftig und beschämt fühlt. Wie er hinaustritt, empfindet er fast unwillig das blendende Licht des Nachmittages, das die zarten Tönungen, die er soeben genoß, zu bedrohen scheint. Aber sobald er, die Stadt hinter sich lassend, das Saaletal betritt und, tief atmend, die weichen Höhenzüge mit den Blicken verfolgt, die, voll übergrünt, an die Bläue des Himmels streifen, findet er sich von der schönsten Harmonie der Eindrücke überrascht. Hier draußen scheint alles willkürlich ausgebreitet und verschwendet, was ein Meister im Dom auf den kleinsten Raum zusammendrängte: phantasievolle Anmut und die Noblesse der großen Anspruchslosigkeit, die immer einen reinen und bleibenden Genuß verbürgt.[85]

Vereint ein Kunstwerk unterschiedliche Momente wie Anmut und Würde und ist es dabei zudem losgelöst von einem Inhalt, gibt es sich von sich aus also ›anspruchslos‹ und verlangt keine bestimmte Deutung, so bereitet es dem Betrachter jedoch auch eine um so größere Versuchung, selbst etwas hineinzuprojizieren, das nicht unbedingt aus einem freien Zustand der Erhebung und Läuterung hervorgeht, sondern von ideologischen Motiven geprägt ist. Eine Skulptur wie die Uta zeigt sich somit gegenüber vielen, sehr vielen Interpretationen als gefügig und paßt sich ihnen jeweils an. Diese Indifferenz machte es entsprechend leicht, Uta für verschiedene Zwecke in Anspruch zu nehmen.

Obwohl diese Zwecke meist sehr einseitig und häufig eindeutig ideologisch waren, konnte jene Indifferenz und damit zugleich Komplexität von Utas Erscheinung die Glaubwürdigkeit des jeweils propagierten Inhalts sogar noch erhöhen: Da nämlich auch jeweils die Züge, die nicht hervorgehoben wurden, auf leise, unausdrückliche Art anwesend blieben, erschien die ideologische Uta nie plump-plakativ und auf einen Aspekt reduziert. In seiner Dürftigkeit fällt ein Ideologem also kaum auf, wenn das Medium, das es veranschaulichen soll, selbst vielfältig und reich ist. Was dagegen eigens in der Absicht geschaffen wird, eine bestimmte Idee zu repräsentieren, langweilt, sobald es sein Thema nackt und isoliert zeigt.

Das klassische Kunstideal, das ›anspruchslos‹ und vielfältig Allgemeine eines Kunstwerks offenbart also – nicht nur am Beispiel der Uta – eine Kehrseite, insofern deutlich wird, daß Indifferenz auch Schutzlosigkeit und zu große Empfänglichkeit heißen kann. Daraus könnte Enttäuschung und sogar Mißtrauen gegenüber jeglicher Kunst entstehen, die in Kategorien von Vieldeutigkeit und Befreiung gepriesen wird. Wenn jene Enttäuschung und dieses Mißtrauen dennoch ausbleiben, dann nur weil eine lange Tradition der Hochschätzung von Kunst hier zuverlässig funktioniert. Nicht einmal als unschuldige, unfreiwillige Komplizin des Ideologischen muß sie sich bezichtigen lassen, und man gesteht ihr unumschränkt den Status einer Mißbrauchten zu. Daß gerade ihr Glanz, dessentwegen man sie gerne superlativisch preist, der Kunst zum Verhängnis werden kann, daß sie also auch noch und vielleicht sogar gerade im Zwielicht etwas Strahlendes und Überzeugendes an sich hat, wird so verdrängt.

VERPFLICHTET ZUM GEGENBILD

Da gastierte doch kürzlich ein Zirkus in Naum-
burg. Alle haben einen Zwergclown. Es ist leider
eine furchtbare Geschmacksverirrung, daß die
Menschheit sich an Mißgestalten ergötzt. Dieser
Clown besuchte auch den Naumburger Dom. Ich
habe ihn die ganze Zeit beobachtet. Er war - es ist
eine menschliche Groteske - versunken in tiefem,
heiligem Staunen in die edle Frau Uta.[86]

UTA WURDE NICHT gegen diejenigen verteidigt, die sie zum
Herrenmenschen oder zur Soldatenbraut machten. Wer mit
diesen Deutungen nicht einverstanden war, interessierte
sich meist gar nicht für die Stifterfiguren. So störte nichts
das ideologisierte Uta-Bild, was denen, die es propagierten,
nur zuarbeitete. *Wie* stabil man es einschätzte, beweist eine
besonders zynische Konstellation. Bei der 1937 in München
initiierten und dann durch das Deutsche Reich wandern-
den Ausstellung »Entartete Kunst« hängte man nämlich als
(offenbar einziges) Gegenbild zu Arbeiten von Otto Dix,
Emil Nolde, Karl Schmidt-Rottluff oder – ganz direkt – Werner
Scholz ein großes Foto von Uta. Ihr damals bereits ikonen-
haft-berühmtes Konterfei sollte Derbheit und Häßlichkeit
anderer Frauendarstellungen plakativ verdeutlichen, die
man als »Entehrung der deutschen Frau« anprangerte.

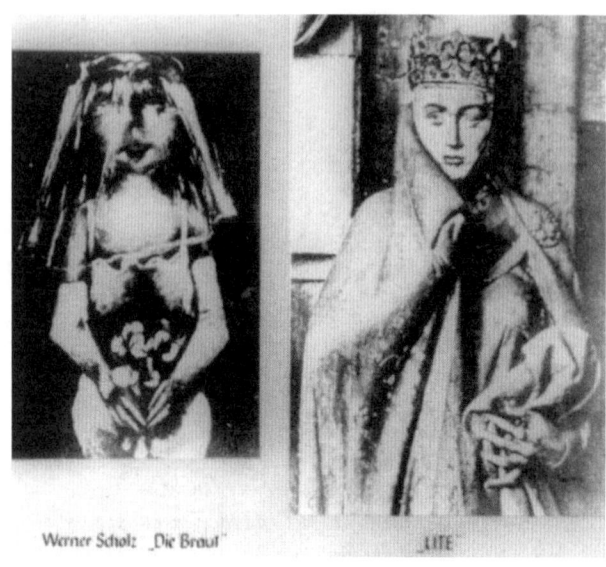

Werner Scholz „Die Braut"   UTE

ABB. 13   *Uta und die ›Entartete Kunst‹ (1937)*

Anstatt auf Bilder nationalsozialistischer Künstler zu vertrauen, sah man also in Uta die Erfüllung der eigenen Ansprüche an Kunst. Mit ihr als der Repräsentantin hohen deutschen Mittelalters konnte man freilich auch besser als mit zeitgenössischen Gegenstücken die These von der modernen ›Entartung‹, vom Verfall bildnerischer Kraft illustrieren. Vor allem war Uta aber wegen ihrer Bekanntheit ohnehin schon als ideal und vorbildlich etabliert; hier mußte also nichts mehr eigens erklärt oder begründet werden, sondern man sollte und konnte sie sofort, gleichsam reflexhaft, als klassisches Gegenbild erkennen. Auch nur darauf hatte man beim hastigen Arrangement der Ausstellung gesetzt, und wie ausschließlich es um das Bild als positives Versatzstück ging, beweist nicht zuletzt die fälschliche Beschriftung des Fotos mit »Ute«.

Der Agitprop-Einsatz von Uta weist aber auch in aller Deutlichkeit auf den Streit um den ›richtigen‹ Kunstbegriff hin, den die Nationalsozialisten mit dieser Ausstellung brutal-trivial zu beenden versuchten. Sie hatten dabei wohl eine Mehrheit auf ihrer Seite, wenn sie von der Kunst Idealisierung und Schönheit, die Ausblendung alles Widrigen und Konfliktträchtigen forderten. Sich sonntäglich überhöht in ihr wiederzufinden war als Ziel erwünscht, das sich wesentlich aus einem Argwohn gegenüber dem Alltäglichen und Normalen speiste. Die Kunst als Inszenierung einer harmonischen Gegenwelt, als Befreiung vom Gewohnten – diese Erwartungen verraten einen emanzipatorischen Anspruch, zu dessen Genealogie durchaus auch Schillers Verbindung von Kunst und Freiheit gehört. Doch während Schiller emphatisch eine Befreiung des Individuums zu sich selbst postuliert und so vorgegebene Inhalte gerade ablehnt, reduzierte sich dieser Anspruch nun vornehmlich darauf, von der Kunst ideologisch-gefällige Darstellungen im Sinne romantischer Idyllen, verkitschter Genres oder heroischer Szenen zu verlangen.

Demgegenüber schufen die Künstler, die in jener Ausstellung von 1937 denunziert wurden, keine Inseln von Harmonie und Heimat. Auch sie stellten sich zwar gegen das Alltägliche, doch ihnen erschien es gerade trügerisch friedlich, bieder, uneigentlich, so daß sie die Kunst dazu benutzten, aus dem Alltag, zum Teil durchaus unsanft, herauszureißen. Sie wollten die ›wirkliche‹ Welt hinter der Oberfläche und Banalität offenbaren. Sanfte Überhöhungen und betrachterfreundliche Visionen waren also nicht ihr Thema. Wie sehr auch immer sich Expressionismus, Neue Sachlichkeit, Surrealismus und abstrakte Malerei unterscheiden mögen, so kamen sie doch in diesem Anspruch an Kunst überein, die ›wahre‹ Welt gegen den Schein von Harmlosigkeit und vordergründiger Harmonie zu setzen. Dies erklärt ihre Mißachtung traditioneller Schönheitsideale, was die Nationalsozialisten freilich simpel als Beweis für künstlerisches Unvermögen oder anarchistische Umtriebe nahmen. So hängten sie die damals im Zenit ihres Ruhms stehende Uta als Bollwerk in eine feindliche Umgebung und waren sich dabei offenbar sicher, daß sie, selbst ohne weitere Erläuterung, nicht in den Strudel der Verhöhnung geraten konnte und resistent gegen jede Polemik und Desavouierung sein würde.[87]

Es sind gerade ihre klassischen Züge, die sich möglicher Verunglimpfung widersetzten und Uta auf eine Standfestigkeit verpflichteten. Ihr »stummer Stolz« – die Ausstrahlung von Erhabenheit und idealischer Strenge – wird in einem nazistischen Text von 1936 als dasjenige an ihr gepriesen, was »wie eine Schranke das Häßliche und Gemeine von ihr trennt«.[88] Um die Häßlichkeit und ›Entartung‹ der inkriminierten Kunst besonders wirkungsvoll anprangern zu können, versammelten die Nationalsozialisten im übrigen überproportional viele Werke mit Darstellungen von Menschen. Dafür gibt es nämlich viel ausgeprägter als etwa für Landschaften oder Stilleben Idealvorstellungen – und damit auch die Möglichkeit eines Verstoßes dagegen, so daß Portraits oder Akte dann entsprechend negativ und mißgebildet wirken. Wenn also, wie im Expressionismus, innere Erregung durch Verzerrungen der äußeren Formen der Figuren wiederzugeben versucht wird, konnte dies als solcher Verstoß und weiter als Zeichen von Schwachsinn oder einer perversen Mentalität ausgelegt werden, was man am liebsten zugleich auf den Künstler selbst bezog. Es ist also kein Zufall, daß als Gegenbild des ›Entarteten‹ mit Uta wiederum eine menschliche Gestalt gewählt wurde.

Beunruhigend an der Ausstellung »Entartete Kunst« ist im Grunde etwas, das kaum einmal eingestanden wird, nämlich daß als bedeutsam geschätzte Werke sich tatsächlich als häßlich und stümperhaft präsentieren ließen. Sobald man ihnen Kunstcharakter absprach und sie mit hämi-

ABB. 14 *Reglindis – ein »unbedeutendes Dienstmädchen«*

schen Kommentaren versah, beeinflußte dies ihr Erschei-
nungsbild fatal. Während Uta sich in ihrem »stummen
Stolz« für Ideologien einspannen ließ, waren die Werke der
Zeitgenossen nicht gegen eine Bloßstellung gefeit. Beides –
und dies ist eine nachträglich wichtige Botschaft der Aus-
stellung von 1937 – veranlaßt zur Skepsis gegenüber der
Hochschätzung von Kunst: Daß sich Werke, die zu den
Hauptstücken der Kunstgeschichte gerechnet werden, so

massiv bedrängen lassen, wenn sie polemisch mit einem ihnen fremden Kunstbegriff konfrontiert werden, müßte ebenso nachdenklich stimmen wie die Vereinnahmbarkeit von etwas, das, weil es als klassisch und ideal rezipiert wird, auch als Inbild des Guten und Wahren gilt. Als Maßstab taugt solche Kunst somit eigentlich nicht mehr, was für den einer Aufklärung oder Kritik nie gründlich unterzogenen Kunstbegriff, demzufolge Kunst und Wahrheit miteinander assoziiert sind, nur desillusionierend sein kann.

Wenige Jahre vor der Ausstellung »Entartete Kunst« wurde Uta bereits in ähnlich moralisierender Weise Reglindis gegenübergestellt. August Schmarsow, 1892 ja in gewisser Weise Utas ›Entdecker‹, polarisiert die beiden Stifterehefrauen nun, 1934, in einem Aufsatz auf folgende Weise: Uta mit der »Hoheit ihres Blickes« sei von »königlicher Haltung« und besitze einen »herrlichen Kopf mit langen blonden Flechten«. Diese Aussage, die jeder Grundlage entbehrt und nur eine zeitgemäße Phantasie belegt, wird endgültig nazistisch dadurch, daß Reglindis als »Slawenkind« verhöhnt wird: Sie sei, »solchem Urbild des Adels gegenüber, doch nur als gutmütiges, aber herzlich unbedeutendes Dienstmädchen einzuschätzen, das sich in der Verlegenheit auch ungeschickt bewegt, und wo nun gar die Rührung im Gottesdienst hinzukommt, das vollwangige Gesicht nur zum Greinen verzieht«.[89]

Zwar wird dem Naumburger Meister nicht vorgehalten, die hohen Ideale deutscher Kultur zu verleumden, aber es wird ihm nicht minder sachfremd unterstellt, im Westchor den Rassismus des 20. Jahrhunderts zum Thema gewählt zu haben. Vom Ideal der blonden und damit arischen Uta wird die Slawin (und polnische Königstochter) Reglindis abgesetzt, die, vom Ernst einer Situation überfordert, hilflos grinst und so geistige Beschränktheit offenbart; sie erfüllt nur die Anforderungen, die an einen ›Untermenschen‹ gestellt werden.

Als zuverlässiges Gegenbild, wenngleich nicht mehr als das einzige, wird Uta auch in Fritz Hipplers Propaganda-Film *Der ewige Jude* (1940) in Dienst genommen, der wohl das suggestivste, bösartigste Produkt nationalsozialistischer Inszenierungskunst darstellt. In einer Filmsequenz ist die Aussage zu illustrieren, das Judentum sei »am gefährlichsten«, wenn »ihm erlaubt wird, sich in die heiligsten Dinge eines Volkes, in seine Kultur, seine Religion und seine Kunst einzumischen, um darüber seine anmaßenden Urteile abzugeben. Für die Reinheit und Sauberkeit des deutschen Kunstempfindens hat der wurzellose Jude kein Organ.« Solange von den »heiligsten Dingen« die Rede ist, sieht man griechische Tempelsäulen und Statuen, den Bamberger Reiter und Uta, die Köpfe des Adam und der Eva von der Bamberger Adamspforte, Botticellis *Geburt der Venus*, Michelangelos Fresko *Erschaffung Adams* aus der Sixtina und eine gotische Marien-Darstellung. All das zieht von unten nach oben über die Leinwand, steigt – unterlegt von Bachscher Orgelmusik – gleichsam in transzendente Höhen auf und soll nostalgisch an eine bessere Vergangenheit erinnern. Dann kommt ein abrupter Schnitt, Jazzgesang wird zu schroff und in rascher Folge eingeblendeten modernen, meist expressionistisch-grellen Werken gespielt. Gewollt ist der Eindruck von Chaos und extremer Disharmonie, was nach der sanft erhabenen Größe der zuerst gezeigten Kunst, vor allem nach deren klassischer »Reinheit und Sauberkeit«, als äußerster Gegensatz empfunden werden soll.

Die Inszenierung der positiven Gegenbilder ist im übrigen ebenso unlogisch wie subtil. Die Vorführung griechischer Werke kann es nur auf deren (klassischen) Nimbus abgesehen haben, da sich ohnehin niemand mehr in diese tote Kultur »einmischen« kann. Und wenn Uta ebenso neben dem Bamberger Reiter plaziert wird wie unmittelbar darauf Eva neben Adam, soll das beider Zusammengehörigkeit und eine ähnliche Ursprünglichkeit suggerieren, so als handle es sich dabei um die ersten deutschen Menschen.[90]

Der Glaube an eine alles Dunkle überstrahlende Kraft der Kunst, der Glaube daran, daß sie als eine Art letzter Instanz den Weg zum Guten weisen kann, müßte also spätestens seit den nationalsozialistischen Gegenüberstellungen als unbegründbar gelten. Ihr Strahlen ist vielmehr selbst unheimlich geworden. Wer nicht bereit dazu ist, ein Werk wie die Uta gerade als Verbindung und Aufhebung verschiedener Tendenzen zu schätzen, wird sich eine Seite zunutze machen und dabei keinen Widerstand erfahren. Es sind lediglich zwei gegensätzliche Weisen, mit der Indifferenz umzugehen, und aller Glaube an eine besondere Qualität der Kunst wird durch die eine geweckt, durch die andere aber als Illusion enttarnt.

SPRACHSUCHT

… der Empfängliche spürt unmittelbar, daß es hier
[bei Uta] dem größten Plastiker gegeben war,
etwas von dem sichtbar werden zu lassen, was
der größte Dichter das ewig Weibliche genannt hat
und was zugleich das wahrhaft Weibliche und
echt Weibliche ist.[91]

DIE TRIVIALISIERUNG des klassischen Kunstideals, das
schließlich in seinen Resten zu Gemeinheit verkam, nur
dem Nationalsozialismus anzulasten oder gar mit ihm zu
erklären, wäre zu einfach. Er konnte die Versatzstücke jenes Kunstideals, sobald er an der Macht war, nur wirkungs-
voller inszenieren als andere. Aus der Distanz einiger Jahrzehnte erscheinen die meisten Texte über die Stifterfiguren
jedenfalls überraschend homogen in ihrer stereotypen
Reproduktion von Kunstklischees. Ob ein Autor nazistisch
gesinnt war, liberal oder christlich, ist oft kaum eindeutig
zu bestimmen, und weltanschauliche Unterschiede verwi-
schen sich fast vollständig.[92] Selbst damals waren die Beziehungen zum Teil offenbar unklar und unübersichtlich,
und manche Allianz oder Gegnerschaft ergab sich wohl
eher zufällig.

So wurde etwa Lothar Schreyer, der 1934 ein dann gerade im nazistischen Umfeld besonders häufig beifällig

zitiertes Buch über den Naumburger Dom veröffentlichte, seinerseits Opfer der Ausstellung »Entartete Kunst«, da er ab 1915 dem Expressionismus und insbesondere dem *Sturm* Herwarth Waldens nahegestanden war und von 1921 bis 1923 die Leitung der Bühnenwerkstatt am Bauhaus in Weimar innehatte; 1933 konvertierte er zum Katholizismus und strebte einem Mystizismus zu, der Raum für ein sakralisierendes Kunstverständnis bot. Darin kam er mit der nazistischen Kunstideologie überein, konnte aber zugleich als Wendehals bespöttelt werden. »Lothar Schreyer machte heute in christlich-mystischer Kunstbetrachtung« – hieß die Parole also 1937, geschrieben unter eine expressionistische Lithographie und ein Gedicht aus den »Sturmbüchern«.[93]

Unsicherheit und Sinnsuche charakterisierten die ersten Jahrzehnte des 20. Jahrhunderts und führten zu einem Grundton der Aufgeregtheit. Fatal war in dieser Situation, daß sich die deutsche Sprache, die Sprache der ›Dichter und Denker‹ über Jahrhunderte hinweg mit bedeutungsstarken, geschichtsträchtigen Worten angereichert hatte. Ein unübersehbares und nicht berechenbares Potential an Verheißungen ergab sich so, Reste verschiedener Gedankenwelten strahlten, an keinen festen Kontext gebunden, etwas Verlockendes aus, die Fülle des Geschichtlichen erschien in einer als karg empfundenen Gegenwart um so brillanter. Ein Überschuß an Sinn, eine Vielzahl hypertropher Worte verführte und bereitete eine angespannte Atmosphäre. Als in Deutschland, vor allem nach dem verlorenen Weltkrieg, viele an ihrer Perspektivlosigkeit zu verzweifeln drohten, stürzten sie sich um so bereiter in den Sinn der Worte. Der Nationalsozialismus war dabei am geschicktesten in einer umfassenden Ausnutzung von Sinnressourcen und versorgte somit viele Menschen mit einem kleinen, banalen Rausch.

Nüchtern zu bleiben inmitten einer reichen und vollen Sprache, ist schwer und setzt einen eigenen Stand voraus.

Zu Beginn des Jahrhunderts zweifelten viele Schriftsteller und Philosophen an der Sprache, weil sie angeblich hohl, weil ihre Worte vermeintlich verbraucht waren. Mittlerweile entpuppt sich dieses Verlangen nach mehr Sprachkraft jedoch als Symptom einer Süchtigkeit, die für etliche in Verirrung endete. Sich die Sprache nur in der Hoffnung auf ihr Sinnpotential anzuvertrauen, führt nämlich leicht zu einem Verlust der Präzision im Umgang mit dem, was jeweils beschrieben werden soll.

Fehlt eine gewisse reflektierte Distanz zur Sprache, dann begeistert man sich mehr an Worten als an der beschriebenen Sache. Wie die Auseinandersetzung um die Stifterfiguren und zumal um Uta zeigt, handelt es sich dabei um eine ziemlich wahllose Begeisterung, und trotz des Einsatzes verschiedener Metaphern entsteht meist kein wirklich differenziertes Bild. Erpicht auf ein bißchen Feierlichkeit oder Erhabenheit, wird jedes Wort gern aufgenommen, das diese Gefühle zusichert. Die Texte werden überladen mit Sinnerwartungen, werden schwer und laut. Es fehlt eine leitende Einsicht, wonach sich alle Formulierungen richten, und dafür liefert man sich der Sprache aus, wo zwar ein Wort immer schon das nächste gibt, Zusammenhänge aber nicht glücken. Vielmehr nimmt jedes Wort für sich momentan so ein, daß es das, was die Worte des Umfelds bedeuten, vergessen läßt.

Einnehmen kann auch, was andere geschrieben haben. Der poetische Reiz einer Formulierung etwa verführt immer wieder dazu, sie zu zitieren, obwohl sie keinerlei Beschreibungsqualität besitzt. Ein Beispiel: 1924 bezeichnete der Kunsthistoriker Wihelm Pinder die linke Hand der Uta als »ein einziges Wunder weichster Feinheit – ›als ob sie Rosen trüge‹, hat ein verstorbener Freund gesagt«.[94] Die Worte jenes Freundes sprachen offenbar nicht nur ihn an, sondern kommen Gertrud Bäumer 1941 ebenfalls in den Sinn, wenn sie über Utas »wunderschöne Hand« schreibt.

Diese packe »kräftig den schweren Mantel, um ihn über ihrem Körper zusammenzuhalten. (...) Und so liegt diese Hand, die ›Rosen tragen‹ sollte, wie ein verlorenes Juwel auf dem harten Loden.«[95] Immerhin werden die Rosen als Zitat gekennzeichnet, sie passen aber keineswegs zum kräftigen Zupacken der Hand, werden sie doch eigentlich eher vorsichtig und behutsam gehalten. Also dient dieses Bild – wie auch das Lob der Hand als »verlorenes Juwel« – lediglich als atmosphärisches Element, das etwas Rührung aufkommen lassen soll.

Beide Bilder drängen sich wiederum einige Jahre später in die Charakteristik der Uta-Hand durch Paulus Hinz:

> Diese Hand hält den Mantel über dem jungen Leibe zu-sammen und liegt nun auf dem Faltenbausch des harten Lodens ›wie ein verlorenes Juwel‹ von erlesener Feinheit. ›Als ob sie Rosen trüge‹, lautet einer der zahlreichen Aus-sprüche, die der Anblick dieser Hand schon ausgelöst hat. Immer neue Töne klingen hier an, als ob diese Finger ein Lied auf einer Harfe greifen. Auch die Sprache der Hände in Naumburg läßt sich nicht auf eine Formel bringen.[96]

Wiederum tauchen die übernommenen Zitate ziemlich unvermittelt auf. Vor allem das Rosen-Bild verrät seine Ver-führungskraft. Rosen suggerieren etwas Edles, Romanti-sches, Festliches, was dann mehr anzuregen scheint als die Hand selbst. Beschwingt von den Assoziationen – »immer neue Töne klingen hier an« –, findet Hinz von dieser erneut metaphorischen Sprechweise nicht mehr zurück. Plötzlich verwandelt sich vielmehr die allgemeine Bemerkung über den reichen Ausdruck der Hand in ein Bild von dem, was sie auch gerade tun könnte, und aus dem Klingen immer neuer Töne wird »ein Lied auf einer Harfe«. Von Pinder und Bäumer in Stimmung versetzt, wollte Hinz offenbar noch ein ›eigenes‹, nicht minder ›schönes‹ und ebenso romanti-sches Bild hinzugeben.

ABB. 15 *Linke Hand der Uta*

Auch Lothar Schreyer kennt Uta als Harfenspielerin;
doch das ist nur eines von zahlreichen Bildern, die er in seinem Buch *Frau Uta in Naumburg* von ihr zeichnet. Seine
Beschreibung stellt innerhalb der Naumburg-Literatur
einen besonders heftigen Fall von Sinnsuche und Sprach-
verirrung dar. Am Anfang steht die Schilderung eines artemisischen Erlebnisses, da Schreyer sich bei seinem ersten
Besuch im Dom, wo er »nur Frau Uta gesehen« habe, an
folgende andere Situation erinnert fühlt:

Es war auf einer Bahnfahrt durch Thüringen. Der Schnellzug hielt auf freier Strecke an einem Bahnübergang. Die Schranke an der Landstraße war herabgelassen, und ich sah zum Fenster hinaus in den trüben Regentag, sah vor mir die Straße, die herabgelassene Schranke. Hinter der Schranke stand einsam eine junge Frau. Sie hatte sich ganz in eine große graubraune Decke gehüllt, vielleicht war es auch ein Kartoffelsack, um sich gegen den Regen zu schützen. Nur das Haupt trug sie unverhüllt. Das helle Haar war gleich einer Krone um die Stirn gelegt. Die junge Frau stand regungslos.

Sie blickte nicht nach den Fenstern des Schnellzuges. Das Gesicht war jung und streng. Die Unterlippe war fast trotzig vorgeschoben, und die Augen, ein wenig zusammengezogen, blickten in das karge Ackerland. Der Zug fuhr an und trug mich weiter. Ich habe die Gestalt nicht vergessen, nicht ihre Hoheit, nicht ihre Kraft, nicht ihre Innerlichkeit, nicht das stolze Umhülltsein, nicht die lichte Haarkrone im Regentag. Es war eine unbekannte deutsche Frau, die ich sah. Das war Frau Uta.[97]

Die Frau, unerreichbar hinter der Schranke nicht nur wegen ihrer verschlossenen Miene, sondern auch, weil sie nur kurz im Blickfeld auftaucht, nicht angesprochen werden kann und verschwindet, sobald der Zug wieder anfährt, bietet eine Variante davon, wie ›Göttinnen‹ traditionell erscheinen. Sie selbst bemerkt gar nicht, daß sie betrachtet wird; ähnlich gilt für Artemis, daß sie sich plötzlich zeigt und aus Scheu sogleich verschwände, fühlte sie sich beobachtet. Für einen Moment vermag die Frau einen »trüben Regentag« also mit ihrer strengen Schönheit aufzuhellen, die »lichte Haarkrone« ist durch das Fenster hindurch jedoch fern und unwirklich.

Schreyer beläßt es aber nicht bei diesem Bild heiliger Unschuld. Vielmehr ist Uta für ihn genauso »Mutter Erde, die sich, nun selbst strahlend und feierlich, in das Licht hebt«.»In einen Schutzmantel ist sie gehüllt, hoheitsvoll, die königliche Mutter eines Volkes, die Mutter starker Kinder, unsterblich wie das Volk, der deutschen Gemeinschaft Schoß.« Aus dem artemisischen Fräulein an der Bahnschranke verwandelt sich Uta also in Gaia, die Urmutter von Natur und Geschichte. Zwei gerade vom Nationalsozialismus eifrig propagierte Frauenbilder kollidieren hier: Scheu und Keuschheit des unverheirateten Mädchens und die Hingabe der Mutter, die in der eigenen Fruchtbarkeit aufgeht.

Uta soll beide Wunschbilder auf einmal erfüllen. Deshalb ist sie in ihrer »Keuschheit und Zucht« in den Mantel »gehüllt«, während es nur zwei Sätze später heißt, daß »ihr Mantel das Volk sei. Das Volk hüllt die Frau in Liebe, jede Frau; denn in jeder Frau ist die Mutter des Volkes.« Derselbe Mantel, eben noch dazu da, Uta erotisch spröde zu machen und ihren Körper vor verlangenden Blicken zu bewahren, wird nun als das dem Körper Anliegende zum Bild für die Berührung, die verehrend und dankbar von denen gesucht wird, die in der Frau den Born des Volks erkennen. Also schafft der Mantel nicht Distanz, sondern hebt diese zugunsten einer großen Einheit auf.

Die Rollenerwartungen wechseln weiter, wenn von Utas Hand geschwärmt wird: »Das seelenvolle Spiel der Finger scheint auf einer Harfe ein Lied zu greifen. Es klingt ein Liebeslied und ein Wiegenlied zugleich. Es ist aber auch ein Gebet.« Wieder gehen das – verliebte – junge Mädchen und die Mutter ineinander. Doch damit nicht genug: Auch noch ein Gebet soll es sein, was Uta zum Vortrag bringt – ein Gebet mit Harfenbegleitung! Die Bilder einer einsamen Nonne, einer Mystikerin und vor allem von Maria werden hier noch mitgeliefert. Dazu paßt, daß ein Gebetstext, der Utas zartem Harfenspiel im folgenden unterlegt wird, auch von Empfängnis spricht. Der Mantel wird dabei wieder zu einem Stück keuscher Verhüllung: »Frau Uta steht aufrecht

am Altar im heiligen Chor und umhüllt ihren Körper in
Ehrfurcht ganz, um nur Kraft der Seele zu sein, zu empfan-
gen, wie mit dem Leib so mit der Seele.« Sodann wird Gott
erwähnt, der die Empfängnis gewährt. Und weiter heißt es:
»Die Gebetsweise des gesegneten Weibes tönt in ihrem Herzen. Die Lippen sind herb geschlossen. Denn das ewige
Wort tönt. Die Augen schauen in das Licht. Und das ver-
hüllte Weib weiß, daß im Tempel des Leibes sich Gottes
Ebenbild eindrückt zur ewigen Bewahrung. Gott wirkt sein
Werk der Schöpfung durch das Weib. Heilig ist das Weib, in
dem Gott wirkt.«[98]

Uta befindet sich also im Augenblick von Empfängnis
und Verkündigung, es erklingt zugleich ihr Gebet und das
ewige Gotteswort, bekleidet ist sie mit einem Mantel, der sowohl gottesfürchtige Zucht als auch mädchenhaft-scheues
Sich-Verstecken und die Tuchfühlung zum ›selbstgebo-
renen‹ Volk signalisiert. Die Bildsprünge stiften keine überraschenden Zusammenhänge, sondern lassen höchstens
erahnen, wie sehr Ideale und Ideologien in einem Kopf
durcheinandergehen, sobald der Anspruch besteht, gedie-
gen und ein wenig feierlich über etwas zu schreiben.

Klarheit der Gedankenführung ist höchstens für Philosophen ein Thema, doch eine Verwirrung in der Dimension
von Schreyer ist es ebenso. Was bei ihm und in anderer
Literatur derselben Zeit auffällt, ist nämlich mehr als die
übliche, kaum einmal getadelte Vermischung von Topoi, wie
sie zumal das alltägliche Sprechen und Argumentieren
kennzeichnet. Diese Verwirrung ist vielmehr Symptom
eines Bedürfnisses nach Begeisterung und Exklusivität.

Ihre Entsprechung hat sie in gewisser Weise im Historismus sowie im nationalsozialistischen Neo-Historismus,
wo ebenfalls auf engstem Raum und ohne leitende Ord-
nungsidee jeweils mit einer bestimmten Aura behaftete
Versatzstücke ganz unterschiedlicher Provenienz versam-
melt werden. Hermann Görings zum Repräsentationsbau

erweiterter Jagdsitz Carinhall in der Schorfheide bietet ein gutes Beispiel dafür, und es überrascht nicht, daß auch hier, inmitten einer Vielzahl origineller und kopierter Kunstwerke deutscher Kultur, Nachbildungen einzelner Stifterfiguren plaziert waren – zum Teil an den Außenmauern, zum Teil als Zimmerschmuck.

Wer sich seine Sinnbedürfnisse nicht durch eine derartig kostspielige Ansammlung von Kunstwerken scheinerfüllen konnte, schuf sich also meist mit Hilfe von – bedeutungspotenter – Sprache eine relativ bequeme Ersatzbefriedigung. Was die Sprache an Sinn gewährte, wurde ohne Abstriche dem Vermögen der Kunst zugesprochen, von der allein man diese Sinnstiftung erwartete. Sie ließ sich so – infolge des klassischen Kunstideals – sakralisieren und als Offenbarung höchster Wahrheiten feiern.

ABB. 16
Emmy Göring
mit Kinderwagen
unter Gerburg
in Carinhall (1938)

Wenn man jedoch nicht bekommt, was man sucht oder was einem versprochen wurde, wird man angesichts dieses hohen Nimbus der Kunst die Schuld auch nicht mehr beim Werk suchen, sondern muß sich selbst als schlecht disponiert einschätzen. Man muß sich fragen, ob die erwiesene Hingabe vielleicht noch nicht genügte, um Erfüllung zu finden und überwältigt zu werden.

Die Sehnsucht nach Ergriffenheit und Läuterung befällt am stärksten freilich diejenigen, die schon ahnen, keinen ihren eigenen Ansprüchen genügenden Zugang zur ›großen‹ Kunst finden zu können. Sie sind gleichsam die Opfer des klassischen Kunstideals, eine Spezies unglücklicher Menschen, über die fast immer verlegen geschwiegen wird und in denen man in die Irre geführte Kunstgläubige sehen kann.

Die im 18. Jahrhundert entstandene Kunstreligion war elitär ausgerichtet und gelangte nie zu einer institutionellen Trennung zwischen Laien und ›Eingeweihten‹, die vor allem diejenigen unter den Gläubigen moralisch entlastet hätte, denen die gewünschten Offenbarungen versagt bleiben. Während die Menschen, denen Kunst gleichgültig ist, von vornherein jenseits der Werte eines Kunstideals stehen, erblicken die unglücklich daran Glaubenden in der Begeisterung für Kunst etwas sehr Wichtiges, obwohl sie sie selbst nur begrenzt erfahren. In ihrer Unsicherheit neigen sie dazu, die Erwartungen an Kunst noch höher zu schrauben und so sich selbst – und vor allem auch die Kunst – immer weiter zu überfordern.

In den Anfangsjahrzehnten des Jahrhunderts spitzte sich die Situation zu, da nicht nur die Sinnbedürfnisse wuchsen, sondern – damit zusammenhängend – Erfahrungsintensität zu einer Beurteilungskategorie mit deutlich moralischer Qualität wurde. Sie erschien als Garant für Echtheit und sanktionierte bereits die jeweils damit verbundenen Inhalte. Etwa im Expressionismus oder in Heideggers Unterscheidung von eigentlicher und uneigentlicher

Existenz, d.h. auch in maßstabsetzenden Tendenzen der Zeit (und nicht nur in trivialen Zusammenhängen) wurde auf Authentizität der Erfahrung gesetzt.

Je moralisierender aber auf Erlebnistiefe gepocht wurde, desto mehr wurden auch großangelegte Inszenierungen von Intensität provoziert; niemand wollte den anderen im Echt- und Richtig-Leben nachstehen. Der Nationalsozialismus ist selbst nur eine nochmalige Steigerung oder besonders markante Ausprägung dieser Tendenzen und also wiederum nicht von anderen Strömungen der Zeit zu isolieren. Was er an Aufbruchstimmung und Begeisterung für sich in Anspruch nahm, sollte nicht nur praktisch Veränderungen einleiten, sondern war zugleich als moralische Rechtfertigung eben dieser Veränderungen gedacht.

Die Künstlichkeit der Kulturbegeisterung wird am deutlichsten daran, daß man sie zum Teil auch rasch aufgab. Anstatt zu etwas nicht sofort Verständlichem – etwa zur modernen Kunst – einen Zugang zu suchen, revanchierte man sich dann für die Erfahrung des Ausgeschlossenseins und Scheiterns mit Ressentiments. Um sich keine Minderwertigkeit eingestehen zu müssen, weil man dem (selbst)-gestellten Anspruch nicht gerecht wurde, entschuldigte man sich also mit Vorwürfen gegenüber denen, die die Kultur zentral repräsentierten. Schließlich ergab sich eine dichotome Welt, deren eine Hälfte mit gewaltsamer Begeisterung vereinnahmt wurde und deren andere Hälfte der Verachtung oder gar Zerstörung preisgegeben war.

So werden gerade die in die Irre geführten Kunstgläubigen zur Gefahr, weil ihr Verhalten in jedem Fall zum Maßlosen tendiert. Wenn sie sich nicht in Haß hineinsteigern, der als Selbsthaß beginnt, sich aber verselbständigt und irgendwann keiner weiteren Begründung bedarf, erklären sie sich zu Priestern der Kunstreligion und bedienen sich einer donnernden Erlebnissprache, in der sie ihr Bedürfnis nach erhabenen Gefühlen zu befriedigen suchen. Wie gerade die Texte zu Naumburg zeigen, tragen nicht unbedingt die Stifterfiguren selbst die jeweilige Begeisterung. Was sich als Kunstbeschreibung versteht, ist nur ein Reproduzieren von Pathosformeln, die eine Überwältigung zu ersetzen haben.

Die Rezeption der Stifterfiguren begünstigte es gewiß, daß sie noch nicht von der insgeheim oder offen verachteten Kulturtradition besetzt waren. Auch wenn das nur selten zum Ausdruck kam, konnte man bei der Beschäftigung mit ihnen die Genugtuung verspüren, sich damit einem Bereich der Kunst zu widmen, der in der Vergangenheit immer übersehen worden war. Im Gefühl einer gewissen Überlegenheit hatten die verunsicherten Kunstgläubigen also ihr Begeisterungsfeld und konnten die Rezeptionsrituale, die ihnen die Tradition diktierte, übernehmen, ohne in direkte Konkurrenz mit ihr treten zu müssen.

TRAUER – HOFFNUNG – EWIGKEIT

*Lebendig und brüderlich aber grüßt uns aus den
Stiftergestalten der liebende, trauernde, schuldige,
sehnsüchtige Mensch.*[99]

DIE NAUMBURG-BEGEISTERTEN bevorzugen den Nachmittag. Von anderen Tageszeiten ist in ihren Berichten nicht die Rede. Erst nach Erledigung ihres ›weltlichen‹ Tagwerks und somit frei für eine kontemplative Kunstbetrachtung besuchen sie den Dom. Mit dem Überschreiten der Schwelle der Lettnerpforte entgehen sie der als zu hektisch, als kalt empfundenen modernen und technischen Welt und finden sich auf einmal von einer anderen Welt in versöhnlichem Nachmittagslicht umschlossen. Dieses Licht stimmt auch gerne sentimental und veranlaßt zur Retrospektive; in seiner Milde vermittelt es kaum die Kraft eines Anfangs. Viel besser als das klarere Licht des Vormittags läßt es sich also mit Schwermut und stiller Trauer in Verbindung bringen. So bei Gertrud Bäumer:

> Der Abschied vom Westchor des Naumburger Doms trägt
> eine eigene Schwermut in sich. Vielleicht war es ein Nach-
> mittag im Mai, als du wieder einmal zögernd unter dem
> Bogen des Lettners standest. Im sanftgetönten Schleier
> des Lichtes, das durch die bunten Fenster fällt, scheint

ABB. 17 *Wilhelm*   ABB. 18 *Hermann*

sich der Fernblick der Uta mit Trauer zu füllen, und die
Zartheit des schmalen Gesichtes und der schönen Hand
ist umweht von der Drohung der Vergänglichkeit. Die
Augen Wilhelm von Camburgs sind dunkel beschattet, und
die in die Stirn hinaufgezogenen Brauen tragen den Ausdruck schmerzlicher Meditation. Die jungen Lippen des
Markgrafen Hermann scheinen einen Seufzer zu verhalten, wie seine Augen die Tränen. Ekkehard aber sieht trotzig und gefaßt einem Drohenden entgegen, dem er sich
stellt, da er es nicht abwehren kann. Und Gerburgs stolz-
getragenes Haupt scheint von dunklem Wissen schwer.
›Es will Abend werden.‹ Diese Gestalten sind selbst ein
Abschied, und manchmal tritt dies aus ihnen, die so vieles
in sich bergen, hervor. Ja, das hohe Mittelalter beginnt
sich zu neigen, und das Lächeln der Regelindis wird über
der Zeit stehen, wie der letzte spielende Sonnenstrahl, der
eben ihr fröhliches Gesicht noch einmal streift.[100]

Hier geht es um eine vermeintliche historische Korrespon-
denz zwischen den Stifterfiguren und dem zeitgenössischen Dombesucher. Dessen von Abschied und Resignation

belastete Stimmung wird dadurch geadelt, daß sie sich in der mittelalterlichen Epochendämmerung spiegeln darf. Die Gegenwart verschwindet so in einer hehren Vergangenheit, und den Westchor zu verlassen bedeutet, sich »einem Drohenden«, der Welt ›draußen‹, stellen zu müssen. Höchstens »leichte Dämmerung«[101] oder »Mondlicht«[102] des nach dem Dombesuch bereits begonnenen Abends gewähren manchem die Gunst, die ungeliebte Gegenwartswelt weiterhin zu verdecken oder zu verfremden.

»Im gelben Westlicht der Abendsonne dann, wenn man über die aufgebrochenen Garten- und Ackerfelder des Tales geht und nach seinen ganz durchbrochenen Westtürmen blickt, scheint er [der Dom] mit ihnen in einer erdhaften Verklärung« – so schließt Konrad Weiß seinen Naumburg-Bericht.[103] Mochte die Verklärungsbedürftigkeit in seinem Fall aus dem Gefühl heraus entstanden sein, als mystisch orientierter Katholik innerhalb einer weitgehend säkularen Welt mit dem Makel des Anachronistischen versehen zu sein, so speisten sich melancholische Abschiedsahnungen und, diesen untrennbar mitgegeben, Vorbehalte gegenüber der modernen Alltagswelt im allgemeinen aus einem angegriffenen Selbstwertgefühl. Die spezifisch deutsche Angst, nach dem verlorenen Weltkrieg nicht mehr ›mitzukommen‹, läßt umgekehrt die Sieger als die Fortschrittlichen erscheinen, deren Lebenstempo viel schneller ist, die damit aber auch – so der Trost – für Kontemplation keine Muße mehr haben.[104] Trauer und Resignation mischen sich also häufig – vor allem bei den verunsicherten Kunstgläubigen – mit Ressentiments gegenüber jeglicher Avantgarde. Man zählt sich zu den letzten ›richtigen‹ Vertretern einer großen, erhabenen, nun untergangsbedrohten Kultur, stilisiert sich entsprechend als einsam und sucht Identifikation etwa mit Uta, die selbst erfahren habe, »wie unsäglich einsam ein Mensch sein kann. Einsam in der Welt, die viel zu grell ist für ihre blütenhaft feine und zarte Seele ...«[105]

ABB. 19 *Uta*   ABB. 20 *Gerburg*

Die Nostalgie entfaltet hier nicht einmal mehr restaurative Kräfte, sondern verrät ein Empfinden von Alter und Ermattung – eben einen Mangel an Selbstwertgefühl, was auch ein sich versöhnt gebendes Abgeschlossenhaben mit der Welt bedeuten kann. Von einer Haltung der ›Einkehr‹ könnte man sprechen, um diese verschiedenen Elemente des Nachmittäglichen zusammenzufassen, womit man freilich nur eine weitere Vokabel dieses Kulturkitschs rezitierte.

Verband sich Traurigkeit dagegen mit Trotz oder Hoffnung, so wurde die Stimmung adventistisch. Anstatt sentimental nur einer Vergangenheit nachzuweinen, setzte man, wenngleich inhaltlich vage, auf eine begeisternde Zukunft. Im Naumburger Westchor ist entsprechend ebenso von Erwartung und Sehnsucht die Rede. Und wieder meint man, dies bereits im Ausdruck der Stifter erkennen zu können. Dieselbe Gertrud Bäumer, die der Uta Trauer zusprach, unterstellte ihr auch »Warten und Sehnsucht«.[106] Sie »sieht fernsüchtig und fragend ins Weite, ins Unbekannte, wo das Schicksal und das Wunder aufsteigt«.[107] Gerne ist es gerade

Utas Blick, der als sehnsüchtig gedeutet wird: »... immer aber ist in ihrem Blick eine Ferne, eine Sehnsucht, die über den Tag hinaus nach neuen, kaum geahnten Zielen fragt«.[108]

Von Gerburg wird behauptet, sie stelle »uns das Aufdemwegesein so wunderbar-leibhaftig in seiner Unwiderstehlichkeit vor die Augen«[109], und zu Wilhelm schreibt Lothar Schreyer, er stehe »in gläubiger Hoffnung« und sei »von einer stillen, starken Sehnsucht«; die Stifter insgesamt seien »strebend nach Heiligung«. Christus sei herabgekommen an die Lettnerpforte – so Schreyer weiter –, »denn der Deutsche will Gott, den Unbegreifbaren, mit den Händen greifen«.[110] So wird der Adventismus an sein Urbild, den christlichen Glauben rückgebunden, und das Ensemble der Stifterfiguren nimmt sich aus wie eine Paraphrase auf das »Wachet, denn ihr wißt weder den Tag noch die Stunde« (Matth. 25,13), das zeitgleich im 13. Jahrhundert bei Darstellungen der klugen und törichten Jungfrauen Thema war.

Damit läßt sich auch die Schuld des Menschen auf eine Weise ansprechen, die zugleich entschuldigend wirkt. Gerade weil man in Deutschland nach dem Ersten Weltkrieg die Schuld, derer man von den anderen Nationen bezichtigt wurde, nicht recht empfand, war das vergleichbar der metaphysischen, oft ebenfalls nicht wirklich erfahrenen Schuld (Erbsünde), von der die christliche Lehre spricht. Peinigend sind also weniger Schuldgefühle als Schuldvorwürfe; man sehnt sich nach Befreiung und Erlösung und ist nicht selten verbittert. Ein larmoyanter Ton herrscht auch in etlichen Westchor-Paraphrasen, in denen die Stifterfiguren mehr oder weniger offen auf die Verhältnisse in Deutschland bezogen wurden. 1925 heißt es etwa in einem Sonett über Ekkehard: »Du stolzer Mann! Du tratst nicht auf so leise, / Wie Deutschland jetzt.«[111] Paart sich die Sehnsucht dagegen mit Schwermut, so nähert sie sich wieder der christlichen Auffassung, derzufolge es zumindest im Diesseits kein Ende der Schuldigkeit geben kann.

Zum Trost wird das christliche Ambiente des Westchors in den Jahren nach dem zweiten verlorenen Weltkrieg. Nun sind die Schuldgefühle bei vielen peinigender als die Schuldvorwürfe, und die Hoffnung auf ein neues Heil ist gründlich begraben. Also drücken auf einmal angeblich auch die Stifterfiguren Schuldigkeit aus, wobei jedoch eher unwahrscheinlich sein dürfte, daß diese in einem Sakralraum eigens Thema geworden sein könnte. Immerhin scheinen allerdings für Dietmar und Timo Kapitalverbrechen historisch belegt zu sein, und so wird ihre starke Mimik auch gern als Schmerz über eine Schuld, als Gnadenbedürftigkeit gedeutet.[112] Und in assoziativer Nähe zu Kriegsverbrecherprozessen und Entnazifizierungsverfahren ist zu lesen: »Die seelische Grundhaltung dieser Figuren (...) ist die eines tiefen Ernstes, wie er solchen zukommt, die vor ihren Richtern stehen (...). Gedanken an Beklemmtheit, Scham, Furcht, Reue, Leiden [können sich] wohl einstellen.«[113] Doch wo Scham und Reue sind, ist Entsühnung zumindest nicht ausgeschlossen; ein leiser Adventismus lebt also fort.

Da sich die Stifter gleichermaßen als Erinnerungsbild einer wehmütig betrachteten Vergangenheit und als Sehnsuchtsbild einer erlösten Zukunft anboten, konnte sich beides auch zu dem Wunsch verbinden, die Zukunft habe wie die Vergangenheit zu sein. Das wohl beliebteste deutsche Geschichtsbild - es begegnete bereits bei der Deutung der langen Vergessenheit des Westchors - taucht hier auf: Man sieht sich selbst in der Phase von Entartung und Entfremdung, fern eines glücklichen Ursprungs, für dessen Wiederholung aber heilsgewiß die Trommel gerührt wird. Bei diesem dreiphasigen Modell wird Geschichte - der konstatierte Verfall - zur höchstens kurzzeitig irritierbaren Ewigkeit, die sich in der Kunst - worin auch sonst? - bezeugt. Die »Ewigkeit der Volksseele« erblickte man also in den Stifterfiguren[114], sah vor allem in Ekkehard und Uta »Wahrbilder ewigen Deutschtums«[115] oder versah ein Foto von Uta mit dem Untertitel »Ewiges Deutschland«.[116] Dieses Foto befindet sich auf der Schlußseite eines Werks, das im Nationalsozialismus den Beginn der großen Zukunft und die Überwindung der Zersplitterung nach dem Ersten Weltkrieg feierte.[117]

Das Dreiste des Nationalsozialismus bestand darin, sich als Erfüllung der adventistischen Hoffnungen zu präsentieren: Was im Deutschen Idealismus oder in der Romantik den Charakter einer – meist bewußten – Utopie besaß, nämlich die Wiedererlangung eines Goldenen Zeitalters, das nahm der Nationalsozialismus als seine Mission naiv und skrupellos in Anspruch. Kaum hatte das vor allem in der deutschen Griechenlandbegeisterung des 18. Jahrhunderts sowie in der Mittelalterverehrung der Romantik forcierte dreiphasige Geschichtsbild am Beginn des 20. Jahrhunderts und dann infolge der Kriegsniederlage Verbreitung im Volk gefunden, wurde dieses auch schon ungeduldig, hielt die Sehnsucht nicht länger aus und meinte, genug gewartet zu haben. So folgte man dem Nationalsozialismus bereitwillig, als dieser kühn die historischen Bögen zwischen einem prächtigen Mittelalter und sich selbst schlug. Die Stifterfiguren eigneten sich dabei als Beweisstück für ein solch großes deutsches Mittelalter, das auf Ewigkeit Anspruch erheben konnte. Zumal Uta konnte mit der Idealität, die sie ausstrahlte, ein besseres Einst verheißen. (Im übrigen enthält jede Idealität, da sie Maßstäblichkeit bedeutet, auch ein Sollen und insofern einen ›Zukunftsfaktor‹). Uta war also attraktiv, gerade weil bei ihr jenes Einst zugleich ferne Vergangenheit meinte. Gewand und Schmuck, das gesamte mittelalterliche Ambiente entheben sie der ungeliebten Gegenwart. So wurde sie zum Inbild der Einheit von Zukunft und Vergangenheit; den Nostalgikern und den Adventisten bot sie gleichermaßen das geeignete Profil.

Ein Problem aller aus der Kunst bezogenen Ideale wird hier offenbar: Da die Werke, die man für ideal hält, im allgemeinen einer Vergangenheit entstammen, erscheint diese selbst – wenn auch nicht immer bewußt – als vorbildlich. Das Ideal gerät so leicht in den Dienst restaurativer Ansprüche. Je weniger der historische Kontext des Idealisierten überliefert ist, desto eher ist es aber auch möglich, zuerst die jeweils eigenen Utopien in die Vergangenheit zu projizieren, um sie dann, gleichsam mit den Weihen eines Ehedem versehen, um so entschiedener als realistische und gerade nicht-utopische Zukunftsziele auszugeben. So wird das dreiphasige, gefährlich gegenwartsverachtende Geschichtsbild bereits nahegelegt, wenn Kunst Ideale repräsentieren soll.

REZEPTIONSRITUALE

Wäre es nicht ohnehin Kirchenbrauch,
diese Gestalten müßten jedem
andächtiges Schweigen abnötigen.[118]

WARTEN UND VERWEILEN werden zu Kategorien für die
Rezeption bildender Kunst nur, wenn man diese gläubig
verehrt und voll Anmut betrachtet. Dann wird vergessen,
daß die Chance bei einem Gemälde oder einer Skulptur
gerade darin bestehen kann, im Moment zu wirken und
durch Prägnanz und Direktheit zu überraschen. Kaum einmal wird sich ein Rezeptionserlebnis freilich durch Geduld,
durch ein Ausharren vor dem Werk nachholen lassen. Wer
also lange andachtsvoll und schweigend vor einem Kunstwerk stehenbleibt, müßte sich im Grunde als jemand ver-
dächtig machen, dessen Erwartungen sich nicht erfüllten,
der die Vergeblichkeit seines Bemühens aber auch nicht
einsieht. Doch zieht man es im allgemeinen vor, in ihm
einen Kunstkenner zu erblicken, der sich dem Werk in
gemäßer Haltung, sakral hochgestimmt nämlich, nähert
und deshalb auch um so stärker überwältigt wird.

Der Naumburger Westchor in seiner Rundung und
Abgeschlossenheit bietet sich für diese Haltung der Ehrfurcht besonders an. Entsprechend suggerieren viele Be-

schreibungen eine andachtsartige Begegnung mit den Stiftern – eine »Weihestunde«[119] –, bei der jeder andere Mensch als Störung empfunden würde. Daß man »der einzige Besucher« im Westchor gewesen sei[120], wird gar eigens betont. Alles andere als »schweigende Ehrfurcht«[121], also etwa ein Gedankenaustausch mit anderen Rezipienten oder ein analysierender Blick, der ein Verweilen vor dem Werk ja auch erklären könnte, wäre hierbei deplaziert.

Manchmal, so in der NS-Frauenwarte (der »einzigen parteiamtlichen Frauenzeitschrift«), wurden direkte Anweisungen gegeben, wie man sich Kunst auf gemäße Weise zu nähern habe. Unmittelbar vor einem Bericht, der überwiegend den Naumburger Stifterinnen gewidmet ist, findet sich ein Artikel zum Thema »Wie soll man eine Ausstellung besuchen?« »Wie sollen wir uns vor dem einzelnen Werk verhalten, wie es betrachten?« – wird dort gefragt. Die Antwort lautet: »Ein bekanntes Wort sagt, ein Kunstwerk sei wie eine Hoheit, man habe zu schweigen und zu warten, bis man angesprochen wird. Was letzten Endes nichts anderes besagen will, als daß man der Offenbarung eines künstlerischen Genius mit ehrfurchtsvollem Respekte zu begegnen habe, aufgeschlossen, empfänglich und willig.«[122]

Auch hier handelt es sich nur um eine trivialisierte Spielart des seit dem späten 18. Jahrhundert gerade in Deutschland üblichen Stils von Kunstbetrachtung, und jenes »bekannte Wort« wurde wohl zuerst von Schopenhauer in Umlauf gebracht. Schon das Konzept ästhetischer Erziehung, wie es Schiller formulierte, ist aber darauf angelegt, daß im Rezipienten eine Empfindung – von Sympathie und Ehrfurcht – entsteht, die das Gemüt in einen ausgeglichen-angeregten Zustand versetzt. Dazu kommt es jedoch nur, wenn man sich schweigend und unabgelenkt auf das Rezipieren einläßt, wenn man sich also der (therapeutischen) Wirkkraft des Kunstwerks unmittelbar aussetzt und ihm voll Demut und Erwartung gegenübertritt.

Die sakrale Autorität, die diese offenbarungsgläubige Rezeptionsattitüde der Kunst zuspricht, erklärt eine weitere Komponente des Schweigens. Es soll nicht nur Reichtum und Kraft des Kunstwerks hervortreten lassen, sondern häufig gilt es auch als Beleg der Überwältigung und Scheu: Wer schweigt, gibt zu verstehen, daß er staunt und sich außerstande fühlt, das Empfundene sprachlich adäquat wiederzugeben.[125] (Versucht er es doch, so wird das Pathos des Schweigens in Worte übersetzt, die ihrerseits mehr Pathos als Beschreibungsqualitäten besitzen.)

Vor allem den verunsicherten Kunstgläubigen war es wichtig, sich korrekt und im Einklang mit einer ehrwürdigen Tradition vor die Kunstwerke zu begeben, obwohl die andächtige Betrachtung gerade ihnen am wenigsten nützte. Ihr Problem wurde sogar eher noch verschärft: Da Kunst nicht so stark auf sie wirkt, wie sie es sich wünschen, müßten sie jeweils auf Besonderes aufmerksam gemacht oder zumindest im Gespräch über die Werke auf etwas gebracht werden. Einsam vor einem Werk kontemplierend, wollen sie hingegen nur seinen Kunstcharakter erfahren, versuchen das ›Kunsthafte‹ – als sei das möglich – zu isolieren. Wenn ›nichts passiert‹, trösten sie sich insgeheim damit, daß die Überwältigung nicht im Nu stattzufinden braucht; sie haben schließlich gelernt, daß Kunst unerschöpflich, unendlich ist und sich deshalb vielleicht auch nur im Laufe längerer Betrachtungszeit erschließt. Doch dann verkrampft sich das stumme Warten, und die Passivität nimmt noch den letzten Rest an mitgebrachter Sehenergie; schließlich mischt sich eine Selbstzweifel freisetzende Unruhe in den Betrachtungsakt. Um das zu vertuschen und dem Eingeständnis zu entkommen, vor dem Werk versagt zu haben – nicht ›willig‹ genug gewesen zu sein –, deutet der Betrachter sich sein Schweigen so weit um, daß daraus ein Ergriffenheitsschweigen wird, und spricht sodann all die sinnschweren Begeisterungsklischees nach, die er aus den Bekenntnisberichten anderer Kunstenthusiasten kennt.

In Naumburg konnte sich das Warten auf eine Kunstoffenbarung auch mit einem weiterreichenden Adventismus, der Hoffnung auf eine große Zukunft verbinden. Da stand man dann also etwas verlegen im Westchor und sah, wartend wie man war, in den Stiftern am liebsten auch Wartende. Der Westchor wurde so zum sakralen Warteraum; die Stifterfiguren »scheinen einem Schweigen des Beschauers zuvorzukommen und schweigen dadurch um so mehr gegen ihn her«.[114]

Im 1932 von Rudolf Bamberger und Kurt Oertel gedrehten Film *Die steinernen Wunder von Naumburg* ist dieses Schweigen besonders eindrucksvoll inszeniert. Der Film kommt ohne Worte aus und baut Spannung vor allem dadurch auf, daß die Kamera sich immer wieder um die aus Nahsicht aufgenommenen und dramatisch ausgeleuchteten Stifterfiguren dreht; dies wirkt, als würden sie selbst ihre Köpfe bewegen und in Beziehungen zueinander treten. Da sie also lebendig zu sein scheinen, suggeriert es auch Bedeutung, daß sie nicht miteinander sprechen. Durch (auch hier) unterlegte Bachsche Orgelmusik wird der Ernst der ›Situation‹ noch verstärkt, ja eine düster-melancholische Stimmung beschworen. Gegen Ende des Films werden dann die manchmal zeitlupenhaft langsamen Kopfdrehungen der Stifter durch Bilder von im Kreuzgang quirlig spielenden jungen Mädchen ersetzt. Zugleich wird die Musik leichter; höhere, schnellere Orgeltöne dominieren. Angekündigt wird so eine fröhlich-glückliche Zukunft, eine Überwindung von Traurigkeit und Schwermut, wobei die unbeschwerte jüngere Generation das Alte gerade nicht verleugnet. Eines der Mädchen schaut nämlich - und das ist beinahe das Schlußbild - neugierig staunend und seinerseits schweigend in das Dominnere.

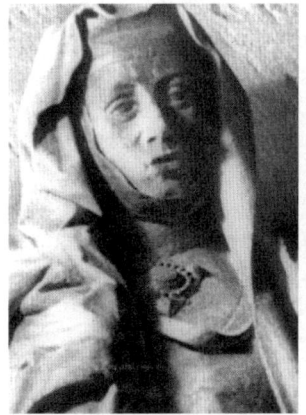 

ABB. 21 *Gepa*   ABB. 22 *Timo*

Daß man sich mit dem andächtigen, tiefernsten, sehn-
suchtsvollen Schweigen in Vereinzelung begab, ja daß Einsamkeit verlangt war – selbst das Mädchen steht plötzlich
alleine und nicht mehr in Gemeinschaft! –, war freilich
insofern seltsam, als es kaum minder üblich war, im Angesicht des Ensembles der Stifterfiguren die deutsche Volks-
gemeinschaft zu beschwören. So schreibt Lothar Schreyer:

> Der Freiheit des deutschen Menschen ist im Westchor zu
> Naumburg ein Denkmal errichtet. Es ist die Freiheit der
> Gemeinschaft, erwacht in den Menschen gleicher Art,
> errungen im heroischen Kampf, dessen Zeichen ein jeder
> der Zwölf trägt (...). Die Gemeinschaft lebt. Auf ihrem
> heroischen Leben ruht das Schicksal des Volkes. Sie
> opfert sich immer wieder auf, damit der einzelne und das
> Volk, damit WIR leben.[125]

Der hier formulierte Anspruch an Kunst, Gemeinschaft zu
stiften, veranlaßte die Nationalsozialisten 1937 etwa auch
zu einem großen, kilometerlangen Festzug, der unter dem

Titel »Zweitausend Jahre deutscher Kultur« die Einweihung des ›Hauses der deutschen Kunst‹ begleitete. Hierbei wurden, als eine Station, auch Gipsnachbildungen von acht der Stifterfiguren mit einem Imitat der Westchorarchitektur auf einem Wagen durch das geschmückte München gezogen.

Doch eine solche Inszenierung des (angeblich wiedererwachten) Volksgeistes stieß nicht nur auf Zustimmung, da man die – relativ profane – Zur-Schau-Stellung der Stifter, bei der ein andachtsvolles Verhältnis gegenüber geheiligten Kunstwerken durch Volksfestatmosphäre ersetzt wurde, tatsächlich als Sakrileg empfand: »Daß das Ganze einen Rückfall in den Historismus des 19. Jahrhunderts bedeutete, den wir längst überwunden glaubten, konnte man noch hinnehmen. Aber als wir nun Ekkehard und Uta von Naumburg mit all ihren Gefährten, wie aus Pappmaché geformt und in Lebensgröße um einen neugotischen Holzschrein herumgestellt, auf Rädern durch die Ludwigstraße rollen sahen, die Gestalten, die aus Pinders und Jantzens Vorlesungen als Höhepunkt bildnerischen Gestaltens in Stein vertraut waren (...), da gab es Hohngelächter – zwar hinter vorgehaltener Hand, aber doch in großer Einmütigkeit; und bei denen, die weiter sahen, tiefes Erschrecken.«[126] Dieses Erschrecken betrifft wohl die Einsicht, daß in einem völkischen Staat ein stilles, intimes, um individuelle Überwältigung bemühtes Rezipieren von Kunst in Konflikt gerät mit großangelegten, öffentlichen Kunstinszenierungen, die eher das Ziel kollektiver Überwältigung verfolgen.

Der Wunsch nach Hingabe an eine Autorität – gerade auch an ein Kunstwerk – sowie die Sehnsucht nach einer starken, nicht bloß institutionell geregelten Gemeinschaft jenseits (groß)städtischer Zivilisation vermengte sich in den Naumburger Rezeptionsberichten, denen ein ›Wir‹ in den Jahren des Nationalsozialismus völlig fehlt, wenn manche Autoren den Leser mit einem vereinnahmenden ›Du‹

ABB. 23   *Festzug »Zweitausend Jahre deutscher Kultur« (1937)*

ansprachen.[127] So berichteten sie ihm gleichsam schon vor-
ab seine eigene, in einsamem Schweigen zu erringende
Erfahrung, seine Ergriffenheit im Angesicht der Stifter und
gaben zugleich den Erfahrungsdruck weiter, unter dem sie
selbst standen. Sie setzten aber doch auch auf die Verbun-
denheit der Volksgenossen, wenngleich im gegenüber dem
kollektiven ›Wir‹ intimeren ›Du‹. Die Gemeinschaft ergab
sich also dadurch, daß jeder für sich dieselbe Erhebung und
Läuterung erfahren sollte – oder auch Opfer derselben
unerfüllt bleibenden Kunstgläubigkeit wurde.

Erst nach dem Krieg und in der diesbezüglich viel nüch-
terneren, aber auf Kollektivbewußtsein ausgerichteten
DDR kommt es vor, daß – freilich recht bescheiden – von
einem ›Wir‹ im Westchor gesprochen wird. So heißt es im
Bericht von der Klassenfahrt einer Oberschule aus Karl-
Marx-Stadt: »Wie es dem Naumburger Meister und seinen
Mitarbeitern gelungen ist, eine solche Belebung des Steins
zu erreichen, wird für alle Zeit bewundernswert bleiben.
Wir kannten sie [die Stifter] alle schon vom Lichtbild her

(...). Aber wir hatten dennoch nicht geglaubt, daß uns die Meisterwerke der Plastik wie Menschen aus Fleisch und Blut begegnen würden.«[128]

Daß man nicht nur starre Steinskulpturen sah, sondern sich gleichsam lebendigen Menschen gegenüber fand, diente auch schon in den dreißiger Jahren als Kriterium für das Überwältigende des Kunsterlebnisses. Wenn nun aber dieselbe Formulierung im Klassenfahrtbericht von Schülern auftaucht, wird, gewissermaßen im nachhinein, offenbar, wie unnötig die privatistische, pseudomystische Versenkung war, um die Stifter vermeintlich als lebend zu erfahren. Im übrigen ist auch dieser Glaube, Kunst sei dann am intensivsten (rezipiert), wenn sie möglichst lebensnah lebendig erscheine, nur ein Klischee. Nicht zuletzt in Anbetracht der sonst vergeblichen Bemühungen, das ›Kunsthafte‹ als solches zu rezipieren, wird diese Gleichung von Kunst und Lebendigkeit gesucht, die zugleich das Verlangen nach Idealität überlagert. Das Bedürfnis nach Verlebendigung des Steins wäre allerdings kaum so stark entstanden, hätte es nicht ein Medium gegeben, das es auch relativ einfach erfüllen konnte: die Fotografie.

DER FOTOGRAF

*Die Domstifterverwaltung hat ein erhebliches
Interesse daran, dass vom Innern des Domes und
besonders von den Stifterfiguren nicht jedermann
mehr oder weniger schlechte fotografische
Aufnahmen fertigt und in den Verkehr bringt (…).
Der Dom und besonders die Stifterfiguren sind
schon so oft fotografiert, dass ein weiteres
Bedürfnis nach neuen Aufnahmen nicht mehr
anzuerkennen ist. Ich bitte daher in Zukunft (…)
jegliches Fotografieren im Dom zu verbieten…*[129]

»SO RUHEN DIE WERKE OFT LANGE – wie das Samenkorn in
der Erde – *bis die Trübsal kommt.* – Sie ist dem Druck der
Erde zu vergleichen, der das Samenkorn zum Wachsen
bringt. Sagt der Dichter Kierkegaard.« Diese Sätze notierte
der Fotograf Walter Hege und bezog sie auf den Naumburger Dom und dessen lange Vergessenheit.[130] Ohne genaue-
re Angaben bringt er ein weiteres Zitat von Kierkegaard, in
dem von der stillen Erwartung des Werkes durch die Trübsal die Rede ist und wo es ferner heißt: »*Die Bedeutung* liegt
in der Aneignung.« Hege wiederholt für sich diesen Satz, so
als würde er ihn erst beim zweiten Abschreiben durchden-
ken, und kommentiert ihn dann so: »Sie [= die Aneignung]
ist des Betrachters siegreiche *Hingebung.*«

ABB. 24 *Der Naumburger Dom – Aufnahme von Walter Hege*

Geboren 1893 in Naumburg, hatte Walter Hege nach
einer Ausbildung zum Dekorationsmaler und nach dem
Kriegsdienst, bei dem er schwer verwundet wurde, im
Dresdner Atelier von Hugo Erfurth eine Fotografenlehre
absolviert.[131] Ab 1921 lebte er als selbständiger Fotograf
wieder in Naumburg und begann noch im selben Jahr mit
Aufnahmen vom Dom, die, wann immer Zeit und etwas

Geld vorhanden waren, über mehrere Jahre hinweg fortgesetzt wurden. Prägend war auch für ihn jene zwischen Trauer und Sehnsucht schwankende Grundstimmung, die das wirtschaftlich heruntergekommene Nachkriegsdeutschland drückte. Das erklärt die Rede von der Trübsal, welche angeblich selbst lange Verborgenes auf einmal präsent macht. Die immer übersehenen Schönheiten des mittelalterlichen Bauwerks wieder zum Leuchten zu bringen, um den Menschen nicht nur momentan etwas Trost geben zu können, sondern um vor allem ein Stück Vergangenheit fruchtbar und wirksam werden zu lassen, machte Hege sich zur Aufgabe; damit wurde er zu einem der wichtigsten Vermittler der Stifterfiguren.

Lichtbildervorträgen, die er immer wieder über den Naumburger Dom hielt, stellte er einleitende Worte voran, in denen er auf die Wichtigkeit von Geduld - »Aneignung« - im Umgang mit dem Vergangenen hinwies und auch nicht mit kritischen Bemerkungen über die ›weltliche‹ Geschäftigkeit sparte. Herrlich und lebendig werde der Dom sich zeigen,

> größer und schöner, als wir je erwarteten, wenn wir die Eile beiseite lassen und die Geduld mitbringen. Wir werden eine andere Welt ahnen, wir werden verstehen: das ist die Welt der Schönheit. Wir werden erfahren, daß sie das ärmste und traurigste Leben zum glücklichsten Dasein erheben kann. Unsere Seele wird hier etwas finden, wonach sie lange gesucht hat. Im Gegensatz zu dieser flachen Welt, in der wir leben, wird sie hier die Tiefe, die sie erfüllt und beglückt, finden. Wenn wir eine solche Bereicherung mit uns nehmen, haben wir Teil an dem, was unseren Vorfahren die Kraft gab, die Kraft, die Dome errichtete.

Gewissenhaft studierte Hege den Westlettner und die Stifterfiguren bei verschiedenen Lichtverhältnissen und suchte nach Blickwinkeln, in denen die Gestalten und Köpfe

ABB. 25 *Uta*

besonders spannungsvoll und lebendig wirkten. Dabei experimentierte er nicht nur mit dem Fotoapparat, sondern stützte seine Arbeit mit schriftlichen Impressionen über die Erscheinung der Skulpturen. Liest man die oft hastig entstandenen, nie für eine Publikation gedachten Textstücke Heges, so ist die Anstrengung und Selbstsuggestion unverkennbar, die sich darauf richtet, die Stifter als (leidende) Zeitgenossen begreifen zu können. Ergriffen zu sein – und sei es nur infolge pathetischer Worte –, das wird Hege zur Voraussetzung der »siegreichen Hingebung«, von der er in der Auslegung Kierkegaards schreibt. Ein Beispiel: »… und wieder vergaß ich, daß es Stein ist, und in dieser Königin [Uta] entdecke ich die tiefen Wurzeln, die dort Land gefaßt ha[ben]. Welch eine Sprache der Falten dieses über die feinen Glieder sich spannenden Gewandes. Mir ist, als hört ich ein feines Schluchzen, als perlt eine Träne.« Oder:

> … bei der königlichen Uta sind die Falten Wunden. O meine Augen mögen sie nicht messen in ihrer Tiefe. Ich will mich abwenden, doch ihre linke Hand, o diese Finger, jeder einzelne ein Kunstwerk für sich. Aber was ist's, eine Ängstlichkeit ist darin, eine Scheu, wie wenn das Reh den Jäger erblickt, letztes Erschrecken, letztes Sich-Zusammenraffen. O diese Angst! Und was tragen diese feinen Finger für einen dicken schweren Mantelbausch.[132]

Hier wird via Sprache gleichsam ein Stimmungsvorschuß geleistet, der durch die Fotografien nicht ganz einfach zu begleichen ist. In diesem Fall genügt es nämlich nicht, bloß gefühlsstarke Worte aufzubieten, um sich ›irgendwie‹ erhebende Gefühle zu bereiten, sondern die Worte müssen sich auch in Bilder umsetzen lassen. Die Falten von Utas Mantel als Wunden zu bezeichnen, ist pathetisch, aber es verrät immerhin eine Sichtweise, die aus einem bestimmten Blickwinkel und unter bestimmten Lichtverhältnissen fotografisch festgehalten werden kann.

Hege nützt es vor allem aus, daß das Foto glättet und die Materialität des Steins negieren kann. Er verlebendigt und dramatisiert die Figuren, weil er Licht und Schatten so einsetzt, daß die gröberen, gar leicht beschädigten Flächen im allgemeinen im Dunkeln liegen.[133] Die Übergänge von hell und dunkel sind meist weich, auf einigen Fotos gibt es, trotz des Steins, sogar schimmernde Lichtpunkte. Gerne geht er nahe an die Figur heran, nimmt sie aus leichter Untersicht und im Profil oder vergrößert den Ausschnitt einer Fotografie so stark, daß das Abgebildete unscharf wird und den Stein noch mehr negiert; die Beschränkung auf Ausschnitte läßt die Gesamtgestalt der Stifter und erst recht ihr Umfeld vergessen machen, was ebenfalls den Anschein weckt, es unmittelbar mit Menschen zu tun zu haben.

Als die Fotos von Hege ab Mitte der zwanziger Jahre vor allem durch sein gemeinsam mit Wilhelm Pinder verfaßtes und in mehreren Auflagen erschienenes Buch *Der Naumburger Dom und seine Bildwerke* sowie durch Ansichtskarten Verbreitung fanden, wurden die Stifterfiguren erstmals über kunsthistorisch interessierte Kreise hinaus wahrgenommen.[134] Bald kannten nicht nur sehr viel mehr Menschen die Fotografien als die originalen Stifter, sondern auch wer über sie schrieb und sich eventuell die eigene Westchor-Erfahrung vergegenwärtigte, tat dies häufig mit einem Foto vor Augen. In welchem Ausmaß die Naumburg-Literatur eher von (Heges) Fotografien als von der unmittelbaren Anschauung inspiriert wurde und ihren pathetischen Ton erhielt, läßt sich freilich nicht genau erweisen. Unbestreitbar ist jedoch, daß ein Sprechen über die Stifterfiguren meist zuerst ein Sprechen auf der Basis ihrer fotografischen Vermittlung ist und daß ohne die Fotografien von Walter Hege deren Verehrung und Vereinnahmung wohl nur in viel geringerem Umfang stattgefunden hätte.

Auch wer wenig Kunde über das Mittelalter besaß, hatte es auf einmal also leicht, ein Verhältnis zu diesen existentiellen Gestalten aus Licht und Schatten zu finden. Hege bewirkte eine grundlegende ›Wesensänderung‹ der Stifter, was übrigens von Zeitgenossen durchaus schon gemutmaßt wurde. Anläßlich seiner Fotografien kam die Frage auf, ob diese nicht sogar zu ambitioniert »im Sinne einer eigenproduktiven Auffassung«, eines expressionistischen Gestus gemacht wären: »Bei einer ganzen Reihe von Plastikaufnahmen Heges (…) spürt man offensichtlich das Gesuchte, das Effektvolle.«[135] Hege selbst dagegen verstand seine Arbeit als einen Dienst am Objekt, er wollte, wie er in einem Exposé zu einem nie verwirklichten Film über den Naumburger Dom festhielt, mit seiner Arbeit die Kunst »dem einfachsten Menschen des Volkes nahebringen«.

Die Geschichte der Besuche im Westchor ist auch deshalb ab ungefähr 1925 zum Teil eine Geschichte von – meist nicht eingestandenen – Enttäuschungen. Ein so direkter Bezug zu den Figuren, wie ihn die Fotografien begünstigen, kam vor Ort nämlich häufig nicht zustande, wurde aber als selbstverständlich erwartet, da Fotografien den meisten als fraglos authentische Wirklichkeitswiedergabe gelten und deshalb nicht eigens als Bilder rezipiert werden, die selbst jeweils aus einer bestimmten Intention und Machart hervorgehen. Der Rezensent einer 1939 mit zum Teil sachlicheren Fotos versehenen Neuauflage des Buchs von Hege/Pinder schreibt über die Bilder der vorangehenden Auflagen:

Den ›romantischen‹ Aufnahmen Walter Heges entstand nur eine Gefahr, die auf Kosten ihres ehrwürdigen Gegenstandes ging: Das Auge wurde bereichert und zu gleicher Zeit – betrogen, bestochen, verwöhnt – und enttäuscht. Denn an Ort und Stelle, im unmittelbaren Anblick der Naumburger Figuren, im Augenschein der Wirklichkeit, fühlte sich der Betrachter, der Heges Bilder in sich trug, ernüchtert. Die Bildwerke wirkten klein und unansehnlich gegenüber den Versprechungen der Photos. Die Kamera hatte durch ihre Hexenmeisterei die Werke selbst in Schatten gestellt.[136]

ABB. 26 *Gerburg*

Die Erwartungen, die die Fotografien Heges vor allem
bei Kunstgläubigen weckten, steigerten jedenfalls den
Erlebnisdruck, unter den sich setzte, wer Naumburg besuchte. Gerade jemand, dem die Fotografien innige ›Begegnungen‹ mit Kunstwerken zu garantieren schienen, mußte
im Westchor irritiert und verunsichert über die eigene
Rezeptionsleistung sein, ja zweifeln, ob die Hingebung
jeweils schon siegreich war. Auch das erklärt das Warten

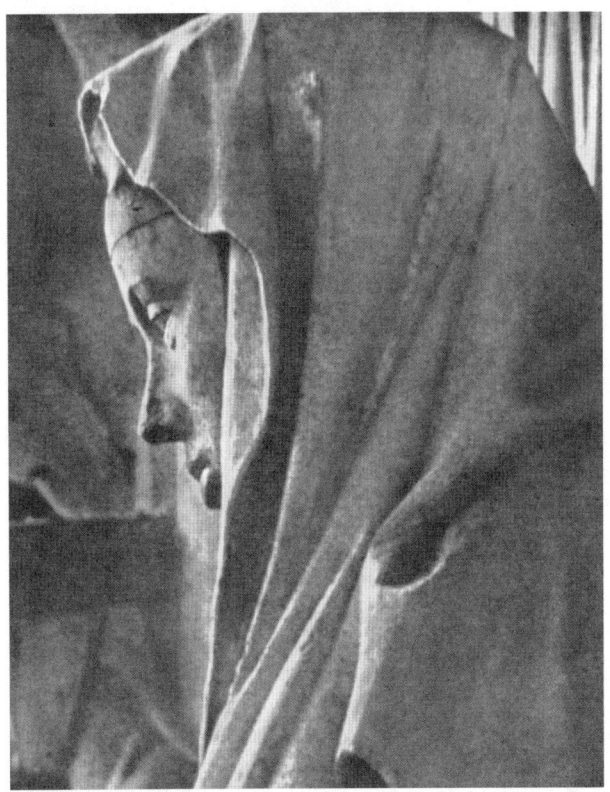

ABB. 27 *Gepa*

im Angesicht der Originale, das nicht zuletzt ein Suchen nach Perspektiven war, aus denen die Distanz so schwand wie auf den Fotografien. Bei einigen mochte der Blick auf die Figuren durch eine vorangehende Vertrautheit mit den Fotografien freilich schon so beeinflußt sein, daß sie die Differenz gar nicht bemerkten und schließlich glaubten, wirklich ein besonderes Erlebnis im Westchor gehabt zu haben.

Immerhin war das Risiko der Enttäuschung bekannt, und man warnte gelegentlich sogar davor. Allerdings wurde eine solche Enttäuschung zugleich als Folge eines falschen Zugangs getadelt, was die Versagensängste nur weiter geschürt haben dürfte:

Nicht allen erschließt sich des Domes Schönheit. Beileibe nicht. Viele mögen in dem geweihten, von sanftem Licht durchfluteten Westchor stehen, mit dem Baedeker in der Hand die sternchen-bezeichneten Figuren Utas und Ekkehards, Hermanns und Gerburgs suchen. Sie werden eine gewisse Enttäuschung über die Kleinheit, die Unscheinbarkeit der Statuen, so hoch da droben, sich nicht verhehlen, und das Wunder, das deutsche Wunder dieser Kunstwerke, erhaben über Zeitstil, über Romanik und Gotik, über westliche oder südliche Einflüsse, das Wunder, das einfach da ist im Stein, der lebt, das wird ihnen nicht aufgehen. Eine Bitte schließt ›Naumburg‹ also in sich an die Deutschen unserer Zeit: Seht Euch die alle wunderbaren Einzelzüge rücksichtslos und verführerisch entschleiernden Filme und Aufnahmen an, hört Vorträge, lest die vielen Schriften kunsthistorischer oder ästhetischer Art über den Bau und die Bildwerke des Domes, erlebt auch unser Schauspiel, das den Namen seiner hehrsten Frauenstatue trägt, aber tut es verständig und bereitet nicht danach Eure Ansprüche an die Wirklichkeit. Denn das Wunder von Naumburg erschließt sich nur dem, der vorurteilsfrei und unbefangen, gläubig und deutsch ihm gegenübertritt. Diesen aber überwältigt es.[137]

Zurückweisung und Verunsicherung, die sie in der Bemühung um Kunst selbst erfuhren, bereiteten die fanatisch - und doch dilettantisch - Kunstgläubigen einander also ihrerseits besonders heftig. Hier wird dem enttäuschungsbedrohten Naumburg-Besucher mahnend zu verstehen gegeben, daß er (noch) nicht genügend »gläubig und deutsch« sei, um »überwältigt« zu werden, so wie es vor ihm schon die wurden, von denen jene Filme, Aufnahmen und Schriften stammen. Die Produkte der Naumburg-Industrie stellen nach dieser Auffassung also keineswegs eine Übertreibung oder ein Extrem erfahrbarer Wirklichkeit dar, sondern bilden den gültigen Maßstab; ließe sich jemand noch euphorischer über die Stifterfiguren aus, so hätte sich diesem »das Wunder«, gemäß der hier vorgestellten Logik, nur noch vorbehaltloser ›entschleiert‹. Überschwang braucht keine Legitimation und ist gleichbedeutend mit Rezeptionserfolg und Wahrhaftigkeit.

LEBEN

Du stehst am Westchor und du prallst zurück,
so rasend zuckt durch siebenhundert Jahre
noch Puls des Lebens in Gebärde, Blick und weiter
Handlung...[138]

DIE REZEPTION DER UTA weist Züge eines Anti-Märchens
auf: Eine Figur aus Stein wird plötzlich zum Leben er-
weckt, was jedoch nicht Erlösung bedeutet, sondern eher
Unglück und vor allem Unruhe. Der Umgang gerade mit
Uta wurde retrospektiv treffend als »Pygmalionismus«
bezeichnet[139], wobei man als Pygmalion in diesem Fall vor
allen anderen Walter Hege zu nennen hätte. Daß es sich bei
den Stiftern um fremd gewordene Dokumente einer längst
vergangenen Welt handelt, ignoriert er, so wie Pygmalion –
in Ovids Erzählung[140] – darüber hinweggeht, daß seine aus
Stein gehauene Mädchenfigur stumm bleibt. Schließlich
wird das zuerst Unwahrscheinliche doch erzwungen: Bei
Pygmalion bewirkt Venus, beeindruckt von seiner konse-
quenten Fürsorge um das ›Mädchen‹, die ersehnte Verlebendigung, bei Hege ist es die Beherrschung des Fotoap-
parats, womit er die Stifter aus dem Mittelalter in das 20.
Jahrhundert zeitreisen und als ›lebende Menschen‹ ankom-
men läßt.

Ovid schreibt zu der von Pygmalion gefertigten Mädchenfigur, ihre Kunst habe gerade darin bestanden, zu verdecken, daß sie Kunst sei. Für die (fotografierten) Stifterfiguren bedeutet das analog, daß bei ihrer Rezeption Kunst und Leben ebenfalls gerne verwechselt oder gleichgesetzt werden, was Formulierungen in Naumburg-Texten immer wieder verraten. Lothar Schreyer etwa beginnt sein Buch folgendermaßen: »Im Dom zu Naumburg stehen zwölf Menschen. Die zwölf Menschen sind von Stein. Aber sie leben.«[141] Prinzipiell spricht er fortan von ›Menschen‹, wenn er die Figuren meint, so wie auch anderswo davon die Rede ist, der Chor sei »bewohnt von zwölf Menschen«.[142] Schreyer wiederum schreibt in Wendung zum Leser:

> Wenn du vielleicht niemals im Westchor des Domes zu Naumburg stehen wirst, du kannst den Stiftern – allen Stiftern – begegnen, dort, wo die Gemeinschaft des Volkes so glüht, daß die Menschen in ihrem Innern erhoben sind. Dann schaust wohl auch du irgendeinmal Frau Uta. Du weißt ihren Namen nicht und fragst auch nicht nach ihrem Namen. Du siehst eine junge unbekannte Frau am Wegrand stehen und über den Acker der Heimat blicken.[143]

So volksnah sind die Stifter also, daß sie mitten unter ›anderen‹ Menschen auftauchen können und diesen ähneln, wie Menschen einander ähneln. Damit ist es auch nicht unbedingt ein Verlust, wenn man sie nicht im Dom betrachten kann.

Anstatt der Uta aufgrund ihrer Klassizität Kunstcharakter zuzusprechen, ist das gesuchte Kriterium hier Lebendigkeit. Dabei findet vor allem das expressionistische Streben nach Intensität seine Befriedigung, weil man – wenigstens implizit – eine besondere Dramatik und Dynamik unterstellt, wenn der Anschein von Lebendigkeit stärker ist als der Stein, aus dem die Skulpturen eigentlich sind. Daß

Abb. 28 *Uta*

Leben sich Bahn gebrochen hat, wird also zur pathetisch-vitalistischen Formel für Kunst. Von ihr wird dabei nicht verlangt, sich vom Einzelcharakter zum Allgemeinen zu erheben, sondern sich möglichst lebensnah dem Allbekannten anzugleichen. Das Ziel Walter Heges wurde gar noch übertroffen, und die Stifterfiguren waren schließlich so gründlich vermittelt, daß sie sich gleichsam unter das Volk gemischt hatten, als Nur-Zeitgenossen oder – dies ein kleiner Tribut an den Anspruch auf Idealität – als markante Typen, die man dann übrigens regelmäßig mit den Figuren Shakespeares verglich.[144]

Primär also zählte, daß die eigene Welt – die ›Realität‹ – wiederzuerkennen war, weshalb Kunst immer auch nur an der ›Wirklichkeit‹ Maß nehmen sollte. Bei diesem naiv-pygmalionhaften Kunstumgang fehlte entsprechend jegliche Reflexion über die Bedeutung von Stil. Bis weit in die Schriften der Kunsthistoriker hinein sucht man im Fall der Naumburger Stifterfiguren vergeblich nach stilbeschreibenden Klassifikationen. Lobend wird es dagegen schon früh als Kriterium von Lebensnähe vermerkt, daß der Naumburger Meister »im Grunde (...) stillos« sei: »Und gerade dieser Mangel an Schablone und Manier bringt ihn dem modernen Empfinden so nahe.«[145]

Das Neue oder Besondere an der Rezeptionsgeschichte von Naumburg ist nicht das Phänomen des Pygmalionismus an sich, sondern es ist dessen Inflationierung. Zumal durch fotografische Techniken läßt sich eine Lebensnähe suggerieren, die zu erfahren sonst und früher nur wenige Betrachter für sich in Anspruch nahmen. Womit sich im 18. Jahrhundert Winckelmann für eine klassische Statue wie den Apoll von Belvedere noch elitär brüsten konnte und womit er sich eine Deutungsüberlegenheit erstritt, das ist für die Naumburger Skulpturen also zur Grunderwartung geworden. Gerade am Beispiel Winckelmanns zeigt sich aber auch, wie stark der Wille zu Einfühlung und Emphase die deutsche Tradition der Betrachtung von (plastischer) Kunst prägt:

> Ich vergesse alles andere über dem Anblicke dieses Wunderwerks der Kunst [des Apoll], und ich nehme selbst einen erhabenen Stand an, um mit Würdigkeit anzuschauen. Mit Verehrung scheint sich meine Brust zu erweitern und zu erheben wie diejenige, die ich wie vom Geiste der Weissagung aufgeschwellt sehe, und ich fühle mich weggerückt nach Delos und in die lycischen Haine, Orte, welche Apollo mit seiner Gegenwart beehrte: denn mein Bild scheint Leben und Bewegung zu bekommen, wie des Pygmalions Schönheit.[146]

Die Tendenz, die Kunst in das Leben zurückzuübersetzen, deutet sich hier bereits an, doch geht immerhin – im Sinne des klassischen Kunstideals – (moralische) Erhebung der Verlebendigung voraus. Ein selbstverständlich und ausschließlich werdender Pygmalionismus hingegen ist so banal, weil das Ausgefallene, das in der Beschreibung der Kunsterfahrung beschworen wird, eben nicht mehr ausgefallen ist. Aus scheinbarer Exklusivität wird vielmehr Normalität.

Eines dieser paramystisch-banalen Erlebnisse mit den Stifterfiguren ist unter dem Titel *Atmender Stein* beschrieben und wird folgendermaßen eingeleitet: »Ich erwartete nichts; ich hatte nur eine Stunde Zeit bis zur Abfahrt des Zuges, meine Geschäfte in Naumburg waren beendet. Ich hatte auch nicht die Absicht, etwas zu erwarten und im tiefsten Herzen getroffen zu werden, als ich die Schwelle der Domtür überschritt. Ich hatte schon einige Male das Sehenswürdige der Kirche gesehen, vor Jahren zwar, aber ganz deutlich, wie ich meinte, und endgültig.« Nachdem bereits durch den Christus an der Lettnerpforte »der Zufall zerstäubte, und ich sah«, folgt im Westchor die eigentliche Erhöhung: »Es war still in dem hellen, einsamen Raum (...).

Die Stille machte alles größer und dringlicher.« Nun werden die Stifter einzeln als »Menschen von heute« gewürdigt, mit denen sich »die hohe Stunde einer Begegnung« ereignet. »Jetzt lebten sie, jetzt standen sie im Licht, sie selbst waren Quelle des Lichtes.« Und das Erlebnis schließt mit folgender Wendung:

> Die Stunde war beendet, aber außen nur; innen schwang sich's unendlich fort. In der leichten Dämmerung erkannte ich steinerne Hunde am Dach, die bei Regenfällen Wasser speien. Sie bewachten den Dom, über den Rand der Dächer vorgestreckt, und riefen, aber nur dem von den inneren Anblicken Betroffenen, zu: Das Unvergängliche bewachen wir – Aber wo war es? Mir schien, nun sei es ebensosehr in mir wie im Stein, auch in mir brannte jetzt die Flamme, die den Meister besaß, schwächer wohl, aber doch Feuer vom gleichen Geist, der die Welt aus Steinen erschuf.[147]

Es wird also nicht nur die Skulptur verlebendigt, sondern umgekehrt ist auch auf den Betrachter etwas vom Geist des Unvergänglichen übergegangen, das sonst nur – dank des schöpferischen Genius – dem Kunstwerk zuzukommen scheint. Auch eine solche Angleichung von Rezipient und Rezipiertem gehört zu den Topoi der Kunstbetrachtung und wurde etwa von Novalis einmal (hinsichtlich antiker Skulpturen) in folgendes Bild gekleidet: »In jenen Statuen, die aus einer untergegangenen Zeit der Herrlichkeit des Menschengeschlechts übrig geblieben sind, leuchtet allein so ein tiefer Geist, so ein seltsames Verständniß der Steinwelt hervor, und überzieht den sinnvollen Betrachter mit einer Steinrinde, die nach innen zu wachsen scheint.«[148]

Diese ›Versteinerung‹ des Betrachters ist Metapher dafür, daß er der als hehr empfundenen Kunst voll Ehrfurcht und Demut gegenübertritt, jedoch zugleich im Rezeptionsakt geläutert wird und sich so der Idealität des Werks, dem, was (vermeintlich) überzeitlich gültig und unwandelbar daran ist, annähert. Novalis denkt also ganz im Sinne des klassischen Skulpturenideals, was übrigens nochmals sein Desinteresse am Naumburger Dom zu erklären hilft. Dieses Skulpturenideal ist im übrigen viel ambitionierter als der spätere Westchor-Pygmalionismus: Der Betrachter hat Maß zu nehmen an der Kunst, während viele Naumburg-Besucher sich nur tautologisch ihr jeweiliges Lebensgefühl bestätigen lassen wollten, wenn sie auf eine Verlebendigung warteten. Von der Kunst wünschte man sich hier nicht mehr eigens Erziehung, sondern es genügte allein ihre Aura, um sich selbst, so wie man war, veredelt zu fühlen. Anstatt sich durch eine bestimmte (therapeutische) Wirkung erst als Kunst bewähren zu müssen, konnten die Stifterfiguren somit erhabene Gefühle auslösen und Weihe spenden, eben weil sie bereits als Kunst vermittelt und vermarktet worden waren. Der Nimbus, den die Kunst im 18. Jahrhundert verliehen bekam, hat sich also längst verselbständigt und eigene Wirkungsmacht entfaltet.

Dieses Phänomen erinnert auch an das Verhalten gegenüber Filmstars oder anderen Persönlichkeiten, die irgendwann überwiegend deshalb angehimmelt werden oder zu Tränen rühren, weil sie berühmt sind. Sich mit ihnen zu identifizieren, verheißt dann Teilhabe an ihrer sekundären, Popularität bereits voraussetzenden Aura.[149]

So war auch Uta ein Star, und zugleich ist ihr Ort, der Westchor, die Grabstelle des Stars: Unter ihrer Figur liegen immer wieder einmal, Blumen (bevorzugt natürlich Rosen).[150] Bilder von ihr konnten Phantasien beflügeln und Träume wecken, man konnte sich in Uta verlieben, Gedichte auf sie schreiben, sie verehren als Verkörperung bestimmter Werte, man konnte sich auch um immer neue Bilder von ihr und um andere Produkte ihrer Verehrung bemühen. Wer nach Naumburg fuhr, um Uta zu besuchen, fand sich jedoch vor einem Stück Stein wieder; der Ursprung aller Sehnsüchte war zugleich deren Endstation. Was so lebendig wirken mochte, war auf einmal wieder ganz tot, und so konnte sich die Verehrung auch nicht mehr anders bekunden als gegenüber einer Verstorbenen: »Du kannst die Männer hier vor diesem Bilde / Ganz tief im Herzen bluten sehn. / Uta.« [151]

Eigentlich ist diese Enttäuschung nur die letzte Konsequenz des Pygmalionismus. Und weil die Illusion einer Verlebendigung nicht aufrechtzuerhalten ist, wird ihr Ende häufig zugleich in ein imaginiertes Ende der Uta verwandelt. Die Trauer ihrer Verehrer wurde – in der Prosa und im Theater – als Tragik in ihr ›Schicksal‹ projiziert.

UTA AUF DER BÜHNE

Den Klang der Stimme aus dem Stein zu ahnen –
Dies wage nur, wer sie erträgt!
Sie wirkt betörend wie die Fahnen,
Die hoch im Wind der Mut bewegt.[152]

NEBEN WALTER HEGE gab es einen zweiten Pygmalion. Sein Wirkungskreis war zwar beschränkter, dafür belebte er in einem wörtlicheren Sinn gerade die Uta. Felix Dhünen – Bildhauer und Dichter – schrieb ein Theaterstück mit dem Titel *Uta von Naumburg,* das ihm, vor seinem frühen Tod 1939, eine gewisse Popularität eintrug, nachdem es 1934 in Gera uraufgeführt und im folgenden Jahrzehnt an immerhin über hundert – darunter auch einigen bedeutenden – deutschsprachigen Theatern inszeniert wurde.[153] Viele Menschen in allen Regionen, die nie in Naumburg waren und nur Fotos kannten, sahen so die Stifter auf einmal leibhaftig und in Aktion.

Daß es bei diesem Stück weniger um authentische Historie als um Gesinnung geht, ist von Anfang an offenkundig. Während die Uta-Skulptur nämlich erst zwei Jahrhunderte nach Utas Tod angefertigt wurde, verliebt sich bei Dhünen der Steinmetz der Figur in die Markgräfin, will deshalb nach vollendeter Arbeit nicht abreisen und gibt vor, noch

ABB. 29　*Kitty Dore Lüdenbach als Uta (1939)*

etwas verbessern zu müssen. Ekkehard gerät darüber in Zorn und sperrt den hartnäckigen Steinmetz schließlich ein. Mittlerweile ist Dietmar von Thoren auf die Burg gekommen, der um Asyl für seine Schwester bittet, die der Hexerei bezichtigt wird. Uta, zu germanischem Heidentum tendierend, will es gewähren, Ekkehard hingegen ist es zu riskant. Schon tritt auch Pater Silvester in Erscheinung, ein fanatischer Hexenjäger, der Dietmars Schwester verfolgt. Er wird aufmerksam auf den Steinmetz und unterzieht ihn – immer auf der Suche nach Satanswerken – einem Verhör, in dem dieser durchblicken läßt, wie sehr er von Uta bezaubert ist. Der Pater sieht nun in ihr ein Werkzeug des Teufels, der in diesem Fall durch Schönheit blenden läßt, und will nicht nur das Steinbild zerstören lassen, sondern sie selbst strengsten Verhören unterziehen, die kaum mit dem Beweis der Unschuld zu überstehen wären. Erregt erschlägt Ekkehard daraufhin den Pater, zieht dem Steinmetz dessen Gewand über und befiehlt ihm – diesmal mit Erfolg – das Weite zu suchen. Dietmar schmerzt es, nicht selbst den Pater erschlagen zu haben, denn er hat sich ebenfalls in Uta verliebt und findet auch Gehör bei ihr. Gerne hätte er bewiesen, wie ritterlich er Gefahr von ihr abzuwehren vermag.

Aber der Pater war nur bewußtlos; als er aufwacht, gibt er zu erkennen, daß er weiter auf einem Verhör der Uta besteht. Dietmar gelingt es jedoch durch ein Wachestehen in völligem Schweigen, den noch etwas benommenen Pater zu irritieren – er vermutet in ihm eine Erscheinung des Erzengels Michael. Dann taucht – wie zuvor mit Dietmar geplant – Uta auf und erzählt, sie habe geträumt, der Pater solle nach Cluny gehen und dort ein Schweigegelübde ablegen (womit er nicht mehr als Inquisitionsrichter taugen würde). Noch weigert sich der Pater, denn er will zuerst den Prozeß gegen Uta einleiten. Da erscheint Dietmar – alias Erzengel Michael – erneut und erklärt sich seinerseits zum Schweigegelübde bereit, um den Pater ebenfalls dazu zu bewegen. Dieses

»Uta von Naumburg«

Ekkehard und Frau Uta, wie sie im Naumburger Dom stehen

Ekkehard und Uta von Naumburg im Chemnitzer Schauspielhaus
(Ronald Werkentin und Lenore Fein)

ABB. 30   *Prospekt des Theaters Chemnitz, 1934*

ABB. 31   *Armand Zaepfel und Käthe Dorsch (1935)*

Opfer Dietmars für Uta gelingt. Jedoch bleibt offen, ob er sich - mehr Heide als Christ - an das Gelübde gebunden fühlen wird, nachdem er den Pater bis Cluny begleitet haben wird. Uta und Ekkehard bleiben allein zurück, Uta scheint sich ihrem Gatten wieder anzunähern, bis beide sich am Ende so nebeneinander präsentieren wie im Dom.

Uta sticht als einzige weibliche Person des Dramas hervor. Der männliche Held ist Dietmar; Ekkehard dagegen ist kein Sympathieträger, weil er sich zeitweise zu sehr vom Pater einschüchtern läßt. Da dieser schließlich nach Frankreich - nach Cluny - verschwindet, wird eine Entsprechung des Romanischen mit dem Christlichen und umgekehrt des Germanischen mit dem Heidnischen suggeriert. Germanisch-heidnisches Gedankengut kommt jedoch kaum direkt zur Sprache, und diese Position wird eher durch die Personen- und Handlungsführung bevorzugt.

Insbesondere im 18. Jahrhundert war es ein beliebtes Spiel, Gemälde ›nachzustellen‹. Beispielsweise - so geschildert in Goethes *Wahlverwandtschaften* - wurde ein niederländisches Genrebild auf einer Art Bühne dreidimensional inszeniert, und Menschen plazierten sich wie die Personen des Gemäldes, wobei sie sich freilich völlig still verhielten. Vergleichbar nachgestellt wird auch in Dhünens Stück, bei dessen Schlußbild Uta und Ekkehard - wie es in der Regieanweisung heißt - »unwillkürlich beide die Haltung ein-[nehmen], in der sie uns im Naumburger Dom nach dreißig Generationen noch vor Augen stehen«.[154] Die Dreidimensionalität der Plastiken wird in diesem Fall um eine zeitliche Dimension erweitert, so daß sich das Erscheinungsbild der Skulpturen aus einer Handlung heraus erklärt.

Kritiken zu Inszenierungen der *Uta von Naumburg* verraten, daß tatsächlich darauf gewartet wurde, ob die Darsteller als Verlebendigungen der Steinfiguren zu erkennen sein würden und ob damit »die kunstgeschichtliche Vision vollkommen« würde.[155] Zu einer Aufführung in Halle heißt es:

ABB. 31   *Käthe Dorsch als Uta (1935)*

Ein jeder fast, der einmal das Bildnis der Uta von Naumburg schaute, bringt diese Vision mit, begierig, sie Fleisch und Blut, Wort und Gebärde werden zu sehen. Und hier zeigt es sich, ohne daß deshalb der Versuch einer dramatischen Beschwörung vergeblich gewesen wäre, (...) daß man sich dabei ertappt, wie man auf das Erscheinen des vielumsungenen Standbildes in Krone und Mantel wartet wie auf das erhebende Credo in der Kirche.[156]

Befriedigt wird dann weiter hervorgehoben, daß diese Erwartung letztlich Erfüllung fand. Ein anderer Rezensent beendet seine Besprechung derselben Inszenierung noch pathetischer: »Als nach den ergreifenden Schlußworten Utas beide Hauptfiguren die Haltung einnahmen, wie wir sie von Naumburg her kennen, dauerte es Sekunden, bis die starke Ergriffenheit der großen Theatergemeinde sich in herzlichem Beifall für diesen einzigartigen Abend löste.«[157] In der Besprechung einer Erfurter Inszenierung ist es »fast magischer Zauber«, der die Schlußszene gekennzeichnet haben soll.[158] Und zur Uraufführung in Gera heißt es:

Vom unbedingten *Willen zur Form* zeugt auch der Schluß: Wie sich in diesem Stück die Figuren der Uta und des Ekkehard befreien aus dem steinernen Dasein, wie sie lebendige Gegenwart werden, so kehren sie am Ende des Dramas zurück in dieses steinerne Dasein (...). In dem Augenblick, da Uta und Ekkehard den Mantel schließen, um von neuem die allen Besuchern bekannte Steingestalt der Stifterfiguren anzunehmen, ist der Ring geschlossen: Stein drängte zum Leben, und unerfülltes Leben ward wieder zum Stein.[159]

Es wird auch zum Beurteilungskriterium der schauspielerischen Leistung vor allem der jeweiligen Uta-Darstellerin, wie weit sie ein bloß ›steinernes Dasein‹ hinter sich lassen kann. Anläßlich einer Hamburger Inszenierung wird der Protagonistin etwa vorgehalten, daß ihre Ruhe »oft an Ver-

ABB. 32 *Traute Fölß »an Versteinerung grenzend« (1934)*

steinerung grenzte«.[160] Als »statuenhaft in der Haltung«
wird die Uta einer anderen Hamburger Aufführung kriti-
siert, bei der es scheine, »als sei ihr zum Leben erweckter
Leib noch nicht ganz aus der Starrheit des edel gemeißelten
Steins gelöst«.[161] Wird der Uta-Figur oft Lebensnähe und

ein reiches Innenleben unterstellt, so sucht man umgekehrt
also im Theater, fixiert auf die Originalskulptur, nach
Resten von Stein. Das Vorbild der Uta und die nachstellen-
de Schauspielerin werden dabei so miteinander identifiziert, daß der Satzbau suggeriert, diese sei selbst zuerst und
eigentlich aus Stein.

Die Wechselseitigkeit von Verlebendigung und Versteinerung wird auch bei Bühnenfotos deutlich, auf denen die
jeweilige Uta-Darstellerin in Haltung und Miene der originalen Uta möglichst nachempfunden und gegenübergestellt wird. So will man Felix Dhünens Regieanweisung
trotzen, derzufolge Uta »etwas Einmaliges, durch schau-

ABB. 35 a
Uta

spielerische Bemühung nicht zu Erreichendes« sei.[162] In
einem Bühnenheft des Braunschweigischen Landesthea-
ters tritt auf diese Weise etwa Else Petersen mit Uta in Konkurrenz. Der Ausdruck der Schauspielerin erscheint dabei
maskenhaft-stumpf, da sie die Augen starr geöffnet hält
und keinen Blickkontakt aufnimmt. Während bei der originalen Uta der Stein durch Ausdruck und Bemalung in
gewisser Weise zum Verschwinden gebracht wird, konzentriert die Schauspielerin ihre Bemühungen also eher auf
die Nachahmung des Materials und verleugnet dabei ihre
Lebendigkeit. Anders als bei Novalis wird sie nicht mit

ABB. 34b
*Leonore Fein
in der Dortmunder
Aufführung*

einer erhaben veredelnden Steinrinde überzogen, sondern
verliert eigene Ausdrucksqualitäten, wirkt versteinert, ste-
ril und tot.[163] Mißglücktere Versuche einer ›Verlebendigung‹ sind sogar geradezu grotesk derb. So ist Lenore Fein,
die Uta von Dortmund, ein eher dunkler Typ mit fast männ-
lichen Zügen und einem breitlippigen Mund; treuherzig
und etwas gelangweilt, als würde sie ein Gähnen unterdrü-
cken, blickt sie aus ihrem Kostüm.

Daß bei der Nachstellung einer Skulptur alles von der
Gestalt und Physiognomie der Schauspieler abhängt, während bei einem verräumlichten Bild immerhin Komposition

oder Ensemblewirkung entscheidende Größen sind, wurde also zu wenig berücksichtigt. Unvermeidbar wurde so das Ergebnis mimetischen Bemühens banal, und was auch immer bereitwillig von Kunst behauptet wurde, daß sie nämlich Ideale vorstellen könnte, daß sie eine Verdichtung, Verklärung oder Verschönerung der Realität wäre, war auf einmal vergessen. Vielmehr wurde der Pygmalionismus hier sogar noch ein Stück weitergetrieben: Eben weil die Figur der Uta so lebensnah erschien, war es auch möglich, daß sie als Protagonistin eines Theaterstücks fungierte. Das in ihr gespeicherte ›Leben‹ brauchte man also nur wieder – via Nachstellung – aus ihr herauszuholen, und ihre künstlerische Qualität wurde auch darin gesehen, ein solcher Speicher zu sein.

Der Pygmalionismus entpuppt sich damit nochmals als eine Vorstellung von Kunst, die dem Anspruch des Klassischen zuwiderläuft. Was an Resten eines klassischen Kunstideals in der Naumburg-Rezeption aufzuspüren sein mag, erweist sich angesichts der unreflektierten Ambitionen auf Nachahmung als unwirksam. Man benötigt diese aufgeladenen Reste, um sich sakral hochzustimmen und um der Kunst besondere Sinnhaftigkeit zuzuprechen, doch im weiteren folgt die Rezeption anderen Regeln. Uta auf der Bühne ist dafür das vielleicht plakativste Dokument.

EINSAMKEIT UND OPFER

Ich weiß von einem jungen Menschen, wie diese
Uta, ein schwermütig Wort: Ich bin das Verzichten
gewöhnt! Von wieviel Verzicht weiß diese Uta?[164]

DIE GRUNDSTIMMUNG in den literarischen Texten über die
Stifterfiguren ist durchweg düster. Glück findet in ihnen
niemand, und es wird viel gekämpft, intrigiert, gelitten. Uta
ist meist besonders unglücklich und erleidet ein tragisches
Schicksal. Es scheint, als sei die Trivialform ›deutscher Tiefe‹ das kitschig inszenierte Lebensunglück. Doch warum ist
es gerade bei Uta so schwer, sie sich glücklich vorzustellen,
wenn sie andererseits uniform das Gute zu repräsentieren
hat?

Einem in der Naumburg-Belletristik beliebten Hand-
lungsmuster zufolge verliebt sich Uta schon als junges
Mädchen in einen Adligen – etwa in den Wilhelm von Cam-
burg aus der Reihe der Stifter.[165] Ihre Liebe wird auch
erwidert, es kommt zu etwas romantischem Geplänkel.
Eine Eheschließung ist jedoch unmöglich, da entweder der
Geliebte bereits anderweitig gebunden ist oder da Utas
Vater ihre Verheiratung mit Ekkehard durchsetzt. Die
Beziehung zu diesem ist distanziert, er bleibt Uta fremd, ist
auch zu sehr Mensch des politischen Handelns, um ein

sanfter Liebhaber sein zu können. Ihre Abneigung gegenüber ihrer – kinderlosen – Ehe wird so laufend bestätigt, und gerade weil sie von Anfang an widerwillig war, erscheint sie auch nicht als treulose, charakterschwache Ehebrecherin, wenn sie – zumindest in der Vorstellung und bei wenigen, über viele Jahre verteilten Begegnungen – das Verhältnis zu ihrem Geliebten fortsetzt:

> Sie legt ihre wundervollen, langen, schmalen Finger auf seinen Mund. Schüttelt mit tränenerfüllten Augen das Haupt, das nie so schön und königlich war wie in dieser Stunde. ›Du mußt leben! Für mich! Wie könnt ich's tragen, wenn ich nicht wüßte, daß deine Liebe mich hält!‹ Und nach einem übermenschlichen Bezwingen ihrer Not: ›Ich bin dein! Immer, in aller Ewigkeit!‹ Zärtlich wie eine Mutter legt sie ihre kleine Hand auf sein Haar. Er fällt in die Knie. ›In Ewigkeit!‹ sagt auch er. Es ist, als käme die Stimme aus einem Grab.

Ihr Leben ist vornehmlich ein Warten und Hoffen (auch das eine Projektion des Adventismus!), beschrieben wird sie als Frau mit sehnsuchtsvollem Blick in die Ferne, dorthin, wo sie ihren Liebhaber weiß. Dieser stirbt schließlich durch Ekkehards Hand – er läßt ihn ermorden, weil er hinter das Verhältnis gekommen ist, oder es geschieht aus Versehen, im Rahmen eines Turniers. Endgültig tritt so Ekkehard als der starke, machtvolle, gegebenenfalls auch brutale Mann auf, während Utas Geliebter sein romantisch-sanftes Einfühlungsvermögen in die Seele einer Frau mit dem Leben zu bezahlen hat. Uta überlebt den Tod des Geliebten nicht lange, ihre Existenz hat jeglichen Sinn eingebüßt. »Sie starb an gebrochenem Herzen«[166], »Ihr Herz verstummte«.[167]

Vor allem der zu Ekkehards Seite hin hochgeschlagene Mantelkragen weckt die Unglücksvermutungen über die Ehe des Stifterpaars. Beider Blicke weisen auch in dieselbe

Richtung und ignorieren so einander, was freilich ebenso –
und wahrscheinlicher für die Anlage des Westchors – als
Haltung gemeinsamer Repräsentation gedacht sein könnte.
Allein die Vorstellung, daß selbst in einem Sakralraum eine
romantisch-verliebte Zuwendung der Partner vorgeführt
werden solle, ist widersinnig. Glück wird dabei völlig auf
private Harmonie reduziert.

Da das romantische Liebesideal viele Menschen bei der
Suche nach Harmonie und Gemeinsamkeit überfordert, so
daß ihr (Liebes-)Leben hinter den häufig von der Liebes-
romanindustrie erst belebten Wünschen zurückbleibt,
suchen sie Trost gerade wieder in literarisch vermittelten
Figuren, die ebenfalls scheitern, mit denen man sich jedoch
gerne identifiziert. Gut konzipierte Liebesromane vereini-
gen in sich Glücksvorstellungen und Enttäuschungen, sie
konfirmieren das romantische Ideal und haben zugleich
Platz für den Kummer derer, die nicht zuletzt wegen dieses
Ideals unglücklich sind.

Utas Eignung als Seelentrösterin für die Opfer der Liebe
wäre freilich ohne ihre Popularität weder bemerkt noch
genutzt worden. So konnte sie auch lediglich in den Jahren
ihrer größten Bekanntheit ihre Funktion als entsagende
Romantikerin erfüllen; die Romane und Erzählungen, die
sich auf dieses Bild festlegen, sind im kurzen Zeitraum zwischen 1935 und 1938 erschienen.[168]

Die Beurteilung des Ekkehard ist weniger einheitlich.
Neben seiner Disqualifizierung als unromantischer Ra-
bauke gibt es auch eine eher politisch ausgerichtete Ein-
schätzung, bei der um Verständnis für seine harte Art
geworben wird. Auf einmal erscheint er selbst als unglücklich, weil er sich auf die von Utas Vater lancierte Ehe ein-
ließ, ohne zu wissen, daß Uta ihr Herz bereits endgültig
verschenkt hatte. Kinderlos, zieht er nur aus Verantwor-
tung und Pflichtgefühl für das Volk seiner Markgrafschaft
immer wieder in den Kampf. »Wie ein Vater widmet er sich

ABB. 36   *Ekkehard und Uta*

nun seinem Land.« Weiter heißt es im Ton der dreißiger
Jahre: »Er wird mit zunehmendem Alter (...) immer mehr
von der Blutfrage erfaßt. Wie ein Geier wacht er streng,

daß nicht fremdes Blut in den Volksleib einschleicht, der ihm anvertraut. ›Hütung der Erde ist viel, Hegung des Blutes weit mehr! Erde kann die Waffe sich überall holen. Fremdes Blut treibt kein Schwert aus!‹ pflegt er oft zu sagen.«[169] So wird Ekkehard als Proto-Nazi herausgestellt, der sich vor allem gegen den Osten, namentlich gegen die Polen wendet.

Nach dem Krieg wird dieser Ekkehard freilich entnazifiziert und sogar zum friedlichen Ehemann gewendet, womit sich zugleich Utas Unglück relativiert. Zwar keine Romantik, aber immerhin Harmonie im Kleinen gesteht man dem Paar nun zu und bezeichnet sie gar als einander »wirklich liebend«[170]; auch Paulus Hinz lenkt ein, nachdem er zuerst das gewohnte Bild von Ekkehard als dem harten Herrscher gezeichnet hat:

> Was wir an Ekkehard zunächst als Härte, ja als Brutalität in der Prägung seines Gesichtes empfanden, wandelt sich, je mehr wir es von der Seite her sehen. Da ist der Mund ›nicht unmenschlich und in Härte erfroren‹, nicht der eines Wüterichs, ein Zug von Gütigkeit und Wohlwollen wird bemerkbar und läßt darauf schließen, daß hinter der rauhen Schale dieses Mannes ein weiches Herz schlägt. (…) Schauen wir schließlich von der Seite her beide [= ihn und Uta] zusammen, dann wird spürbar, wie die menschliche Spannbreite ihres Wesens sie wechselseitig zugleich beide umfaßt. Ein Schimmer von Herzlichkeit spricht aus seinem Gesicht.[171]

Sofern Uta und Ekkehard schon in den dreißiger Jahren als zusammengehörig gesehen wurden, stilisierte man sie hingegen eher zum Inbegriff des wehrhaft-deutschen Ehepaars. Auch hier sind, wie so oft in der Naumburg-Rezeption, Unterschiede zwischen kunstgeschichtlicher Darstellung, Erbauungsliteratur und Belletristik kaum zu bemerken. So beschreibt der Kunsthistoriker Richard Hamann Uta und Ekkehard folgendermaßen:

ABB. 37 *Ekkehard und Uta, effektvoll beleuchtet*

... die Aufgabe, zu herrschen und zu regieren, liegt auf
beiden (...). Aber die Frau geht weiter in der Abwehr, sie
verhüllt sich fast ganz (...). Die Frau ist nicht nur unge-
wappnet und die schwächere, sie ist auch Frau und muß
sich vor zudringlichen Blicken sichern (...); obwohl die
Frau mit ihrem Mantel weiter in den Raum hineinreicht,
der Mann ihr also als Erscheinung den Vortritt läßt, geistig führt er. In der Richtung gemeinsamen Zieles geht
sein Blick voran. Es geht von diesem Paar eine wunderbar
beruhigende Wirkung aus. Sie beherrschen den Raum, als
ob er ihnen gehöre.[172]

Bei Lothar Schreyer ist zu lesen: »Seite an Seite stehen Mann und Weib, gewappnet für das Leben, Streiter und Bewahrer für das göttliche Gesetz des Lebens, eine Seelenkraft in zwei Leibern, Ekkehard und Uta, aus dem einigen Leibe des deutschen Blutes zwei Seelen, sieghaft im Lebenskampf, Uta und Ekkehard.«[173] Und in ihrem Roman *Eckehard und Uta* läßt Hildegard Koppen-Augustin Uta auf eigenen Wunsch und sogar in gegenseitiger Liebe mit Ekkehard verheiratet sein. Sie führt das entsagungsvolle Leben an der Seite eines Kämpfers, der die meiste Zeit unterwegs ist und dessen politischen Zielen sie ihr privates Leben unterzuordnen hat.

Aber sie zweifelt nicht an ihrer Rolle und steht ihm in entscheidenden Momenten immer bei. Sie lebt mit dem Satz »Du mußt tapfer sein, Uta. Nicht er wartet auf dich, sondern du sollst es tun.«[174] und hat dabei zu erkennen, daß ihre Situation – verschärft durch die leidvolle Kinderlosigkeit – doch immer aussichtsloser und isolierter wird. Schließlich erweist sich ein vermeintlich kraftspendender Trunk als Gift, und die Unglückliche stirbt einen überraschenden, aber nicht unwillkommenen Tod.

Das Opfer, das sie dem Mann – und indirekt seinem Land – lebenslang bringt, ist hier letztlich tragisch, da das Geschlecht zum Aussterben verurteilt ist. So viel Weltschmerz ist in den eher völkischen Texten nicht angebracht, in denen Entsagung als heroische Tat gefeiert und Utas Verzicht auf eine romantisch gelebte Liebe ein gleichsam höherer, nationaler Sinn zugesprochen wird. Gerade bei der bereits erwähnten Westchor-Feierstunde der NSDAP vom 26. Februar 1938 wurde dieses Bild einer opferbereiten Ehefrau propagiert.[175] Ein Naumburger Schullehrer, Roland Langermann, steuerte damals folgendes Gedicht bei:

UTA

Was ist es, das uns heute zu Dir führt?
Ist es der stolze Blick, das herrliche Gewand?
Ist es die Sprache Deiner schlanken Hände?
Mir ist, als ob ich tausend Jahre vor Dir stände,
Wo ich doch heut' zum ersten Male vor Dir stand.

Das ist das Rätsel: – ›Daß Du zeitlos bist!‹
Genau wie Du, so standen deutsche Frau'n
Zu allen Zeiten an der Helden Seite.
Hochaufgerichtet, mit dem Blick ins Weite,
Gefahr schon fühlend, wo wir noch vertrau'n.

Dies ›Freund und Warner sein‹, wie Du es bist,
Und wie wir heute tausendfach die deutschen Frau'n
In unserm Kampf um Deutschland wiederfinden,
Läßt uns des Rätsels Lösung wohl ergründen,
Das wir in diesem Steingebild erschau'n.

Und wenn sie sagen, daß Du einsam seist,
Weil er sein Leben nur im Schwerte zeigt,
Auch das ist Frauengröße, die wir kennen!
Vielleicht wird eine spät're Zeit die Opfer nennen,
Von denen heute Ihr so tapfer schweigt.

Du hohes Sinnbild deutscher Frauenwürde!
Präg Dich dem Volk für alle Zeiten ein.
Daß wir in Dir nicht nur das Steinbild ahnen!
Auch wir sind Kämpfer! Folgen unsern Fahnen
Und wollen so wie Du des Volkes Wächter sein![176]

Abb. 38 *Uta*

Uta wird hier als vorbildhafte deutsche Heldin angepriesen, die instinktsicher die dem Land jeweils drohenden Gefahren erkennt, worauf der Mann zur Verteidigung in den Kampf zieht; so ist sie oft allein, führt ihr sorgen- und entbehrungsreiches Leben aber duldsam und gefaßt. Selbstbeherrschung wird damit ebenso als deutsche Tugend ausgewiesen wie Leidensfähigkeit. Daß mit Uta eine Figur aus dem Mittelalter für eine solche Haltung gepriesen wird, soll belegen, daß die deutsche Frau sich ›immer schon‹ tapfer für das Wohl des Volks einsetzte.

Um diese Heldin als Orientierung und Stütze annehmen zu können, brauchte man kein großes Glaubensbekenntnis. Gerade in den folgenden Jahren des Zweiten Weltkriegs bewährte eine solche Uta sich hervorragend. Daß für sie »die Männer gerne durch die Schlachten gehn«[177], hatte bei jener Feierstunde schon ein Vers von Theodor Lüddeke behauptet, und Soldaten konnten ein Bild von ihr im Tornister mitführen. Doch ebenso für die Frauen taugte die einsame Uta zur Identifikation in der Not. An sie konnten sie sich in ihrer Sorge wie in Momenten der Katastrophe erinnern, als ihre Männer an der Front standen und sie selbst in der Heimat gefordert waren. Das Leid der Welt wurde im Angesicht der Uta zu etwas Erhabenem verklärt, und sie lehrte, daß man trotz Entbehrungen immer seinen Stolz bewahren kann.

Die Identifikation mit Uta ging so weit, daß mancher sich auch nach dem Krieg, in den fröhlicheren Wirtschaftswunderjahren, nicht von ihr lösen wollte. Da ihr erhabener Ernst nun aber nicht mehr zur allgemeinen Stimmung paßte, wurde eine solche Identifikation schwierig, und Uta verlor an Popularität. Im hessischen Alsfeld jedoch ließ man auch Uta mit der Zeit gehen: Ein Bildhauer bekam dort in den fünfziger Jahren den Auftrag, einen Uta-Kopf anzufertigen, ganz getreu, aber bitte lächelnd. Dieses Lächeln sollte Freude und Stärke ausdrücken, und endlich einmal sollte Uta nicht mehr als Opfer, als eine Unglückliche erscheinen. Im Wohnzimmer der Auftraggeberin hing diese lächelnde Uta bis in die neunziger Jahre.[178]

ABB. 39   *Uta als Nachbildung, lächelnd*

VON DEUTSCHER ERHABENHEIT

*Wer Augen hat zu sehen, erkennt in diesem
Westbauwerk unseres Domes einen Spiegel aller
deutschen Zeiten. Und es erschüttert ihn bis
in die eigene Erkenntnis seiner, unserer Selbst.
Fort mit allen Mauern und Zäunen, und
ungehemmt ströme das heilige Leben unserer
großen Mutter Deutschland durch alle Bezirke
unseres völkischen Lebens!* [179]

DER INTENDANT DER STÄDTISCHEN BÜHNEN in Halle, Curt
Freiwald, verfaßte anläßlich seiner Inszenierung der *Uta
von Naumburg*, die am 20. April 1937 – ausdrücklich an
Führers Geburtstag – Premiere hatte, einen Erinnerungs-
bericht über einen Besuch im Dom. Nach einer fast einjäh-
rigen Reise durch den Süden Europas sei er dort ange-
kommen und habe dabei das »stärkste Erlebnis«, eine
»begnadete Stunde« gehabt, die sich freilich auch nur »dem
lang erschütterten Herzen« ereignen konnte. Freiwald
preist Naumburg »als Werk eines Stammes, der von Geschlecht zu Geschlecht den Bau als Vermächtnis weitergab
und die Bauenden in ernster Verpflichtung und reinem
Willen erhielt bis zur Vollendung«. Über die Stifterfiguren,
in denen sich für Freiwald die Welthaltung derer spiegelt,
die den Dom errichteten, heißt es sodann:

Wer in ihre Stille lauscht, dem treten sie vor, einer nach dem anderen, und nennen ihre Namen und ihre Herkunft und geben Kunde von ihrem Leben und Tun, ihren Kämpfen und Leiden, ihrem Haß und ihrer Liebe. Stolz und karg wie Herren, leidenschaftlich und finster, verträumt, zart und fromm sprechen sie ihr Wesen aus, nach Art ihres Willens und der Weise ihrer Herzen, das Innerste erhellt in großer Gebärde.

Nach diesem Schweigeappell konzentriert sich Freiwald auf Uta und Ekkehard, die er in starken, etwas trotzigen Worten beschreibt. Allgemeiner wird im Anschluß resümiert:

Vor diesem Paar stand ich damals lange, und der welsche Zauber war wie weggeblasen. Uralte Sehnsucht der Deutschen, nach dem Süden zu fahren, uraltes Verhängnis, sich nicht mehr heimzufinden, seit jenen Tagen der germanischen Völkerstürme hörten die Züge der Sehnsucht nicht auf, und das Verhängnis hörte nicht auf. Viele Völker zehrt diese Erde auf, und immer neue zogen aus, des Lichts begierig und dem Licht verfallen. Völker verfielen, Kaiser sanken, und viele Künstler, Pilger der Schönheit, kamen nicht zurück. Kehrten sie aber heim wie Goethe, dann war ihr Auge noch für lange von jenem fremden Schein verwöhnt und ihre Werke wie aus fremder Form gegossen. Welches Glück aber, so heimkehren zu dürfen, in diese Halle deutscher Innerlichkeit zu treten und vor dem Edelsten erschüttert zu fühlen: Dies hier ist deutsch und hier darfst du daheim sein. Mit welcher Dankbarkeit gedachte ich damals des heimischen Meisters und seiner unfaßbaren Gabe, zwei Menschen unserer Landschaft aus solchem Zeug zu bilden, daß sie für alle Zeit als Wahrbilder ewigen Deutschtums leben?[180]

Der Westchor wird hier als Refugium geschildert, als ein Ort, wohin sich der Deutsche zurückziehen kann, um fremde Einflüsse – zumal aus der romanischen Welt – zu neutra-

ABB. 40   *Der Westchor als »Halle deutscher Innerlichkeit«*

lisieren und um zu sich selbst zu kommen. Er erfüllt also
geradezu therapeutische Funktionen als Raum nationaler
Selbstfindung, womit Schillers ästhetische Erziehung ihre
vielleicht seltsamste Version annimmt. Die Benennung des
Westchors als »Halle deutscher Innerlichkeit« drückt dabei

sehr deutlich aus, als was viele Besucher ihren Dom-Besuch verstanden: als Wallfahrt zu einem deutschen Heiligtum, so wie es Gerhart Hauptmann einige Jahrzehnte zuvor gewünscht hatte, als Pilgerreise zu einer nationalen Gedenkstätte, wo man sich im Angesicht der Stifter in seinem Deutschsein üben konnte. Diese selbst wurden entsprechend gerne als »die deutschesten Deutschen« tituliert oder als »erhabene Versammlung deutscher Gestalten (...) von tiefstem menschlichem Ausdruck!«[182]

Die ursprünglich religiöse Sakralität des Orts wird also ganz selbstverständlich in nationale Heiligkeit umgewidmet, was wieder einmal Lothar Schreyer auf die simpelste Formel bringt: »Das deutsche Volk steht im Dom zu Naumburg in steinernen Bildern und verkündet die Seele des deutschen Menschen und das gemeinsame Schicksal des deutschen Lebens. Deutschland selbst ist der Dom.«[183] Was Deutschland charakterisiert, soll also – gleichsam als Extrakt – auch im Westchor zu finden sein: »Betrittst du unbefangen und offenen Sinnes den Westchor des Naumburger Doms, so wird ein seltsames Glücksgefühl in dir aufsteigen, wie Zurückerinnern über sieben Jahrhunderte hinweg – du stehst in der Herzkammer der deutschen Nation.«[184]

Daß ein Nationalstaat mythisierter Orte zur Identitätsstiftung bedarf, ist weder verwunderlich noch verwerflich. Anders als bei den meisten Orten dieser Art – der Luther-Stube auf der Wartburg, Goethes Weimarer Wohnhaus oder dem Kyffhäuser-Denkmal – ist in Naumburg das, was die Berühmtheit des Orts ausmacht, auch selbst anwesend. Seine Aura speist sich also nicht aus der Unsichtbarkeit des ›Eigentlichen‹, das nur durch Reliquien oder Gedenktafeln vergegenwärtigt werden kann. So fällt es leichter, nationale Normen zu vermitteln, zumal sich der Betrachter bei einer Darstellung von Menschen sogleich in ein Verhältnis zu den gezeigten Haltungen, Mienen und Physiognomien

ABB. 41 *Die Stifter im Berliner Deutschlandhaus*

setzt, sich dabei identifiziert oder auch eine Differenz
spürt, die das Gesehene zum Vorbild werden lassen kann.
Es wirkt also nach und kann immer wieder konkret
erinnert werden.

Daß man über die historischen Personen, die die Stifter
repräsentieren, nicht viel weiß, begünstigt ihren allgemein-
gültigen Charakter; und da es zwölf jeweils einprägsame
Figuren sind, bleibt auch Spielraum, wo man sich wieder-

finden möchte. Nicht zuletzt suggeriert das Stifter-Halbrund innerhalb eines geschlossenen Raums eine Totalität, der sich der Besucher selbst noch am Rande zugehörig fühlen kann, ohne freilich auf derselben Stufe zu stehen: Er wird immer zu den Figuren aufblicken müssen. Durch vielfältige Bezüge, die sich zwischen diesen denken lassen, gewinnt auch der Raum als solcher an Präsenz und läßt sich als markant und bedeutsam erfahren.

Gegenüber dem Bamberger Reiter, dem zweiten mittelalterlichen Inbild der Nation, erweist sich Naumburg so als überlegen. Dem Reiter fehlt nämlich ein klar markierter, abgeschlossener Umraum, und er verliert sich in der Weite des Hauptschiffs, während man auf dem Weg zu den Stiftern an der Westlettner-Pforte eine deutliche Schwelle übertritt. Entsprechend fällt auf, daß Naumburg-Texte häufig den Charakter von Erlebnisberichten besitzen, wo nicht nur die Figuren selbst Thema sind, sondern wo die eigene Stimmung »in diesem Sonderraum«[185] geschildert wird: »Überwältigend ist der Eindruck, der sich dem Beschauer im Westchor des Naumburger Domes mitteilt. Wie in einem abgeschlossenen heiligen Bezirke stehen hier die großen Selbstdarstellungen des mittelalterlichen Menschen. (...) Eine Gesamterscheinung von unerhörter Einheitlichkeit und in ihrem Charakter urdeutsch.«[186]

Welch großen Einfluß auf die Rezeption der Stifter der geschlossene Chorraum hat, in dem sie im Halbrund und in gewisser Höhe angebracht sind, macht auch einer der letzten Versuche deutlich, die Stifterfiguren als ein Wahrzeichen Deutschlands zu präsentieren. Im Deutschlandhaus in Berlin, einer Stiftung, die sich für die Traditionswahrung in den ehemals deutschen Ostgebieten einsetzt, befinden sich seit 1974 Abgüsse der Stifterfiguren, hier jedoch aufgereiht an den Seitenwänden eines Gangs in einem Nachkriegsgebäude, so daß nie der Anschein einer interessanten Beziehung zwischen einzelnen von ihnen aufkommen kann.

Da sie auf nur niedrigen Sockeln stehen, fehlt auch die Distanz, und die gegenüber der Domsituation anderen Blickwinkel (etwa von der Seite) sind für die Erscheinung der Stifterfiguren ebensowenig vorteilhaft wie ihre relativ grobe – freilich auch nicht ganz authentische – Bemalung.

Schon vor der Verbreitung der Fotografien Heges gibt es erste Belege für eine Sicht der Stifter als besonders deutscher Figuren, wobei in dieser Frühzeit das Attribut ›deutsch‹ noch nicht unbedingt überheblich verwendet wird. In einem lokalen Zeitungsartikel vom Juli 1914 – also wenige Wochen vor Kriegsausbruch – heißt es nach einem Vergleich des Naumburger Meisters mit Albrecht Dürer:

> Und gern möchte sich das Wort auf die Lippe drängen: wenn je unter den großen Meistern bildender Kunst, dann seien sie beide ›echt deutsch‹. Deutsch würde dann dieses heißen: eine gewisse Derbheit, verbunden doch mit edler Feinheit; eine Mischung von kecker Kraft und keuscher Zartheit; von freudiger Kühnheit und spröder Zurückhaltung; innere zitternde Bewegtheit bei tiefer äußerster Ruhe; die Leidenschaft kein jäher Ausbruch, sondern eine stille warme Flamme – nein: heißeste Glut unter kaum hüllender Asche.[187]

Diese Worte gelten ebenso den Stifterfiguren als Verkörperungen der Wesensart des Naumburger Meisters. Abgesehen von den Eigenschaften als solchen fällt auf, daß als deutschtypisch hier eine Einheit von Gegensätzlichem – etwa von Ruhe und Bewegung – gesehen wird, womit eine Gedankenfigur auftaucht, die bereits mehrfach zur Sprache kam. Sowohl die existentielle Spannung der Stifterfiguren als auch Utas Beschreibung als anmutig-würdig sowie ihre Stilisierung zu einer deutschen Artemis wurde als Nebeneinander konträrer Tendenzen formuliert. Dies legt nahe, einen Zusammenhang zwischen diesen Entgegensetzungen und der Etikettierung als ›deutsch‹ zu vermuten.

Tatsächlich heben bevorzugt Autoren, die der Uta-Skulptur eine gegenwendige Erscheinung zusprechen, zugleich ihr Deutschsein hervor, ohne jedoch beides eigens miteinander zu verbinden (z.B. August Schmarsow, Heinrich Bergner). Auch Lothar Schreyer, der Uta ja wie eine Artemis einführt, versteht unter ›deutsch‹ einen Gegensatz »zwischen Wehrhaftigkeit und Innerlichkeit«. So ist der artemisische Gegensatz von keuscher Spröde einerseits und stiller Zurückgezogenheit andererseits nur ins eher Männliche übertragen. Schreyer fährt dann fort, diesen Gegensatz als Kampf zu charakterisieren:

> Es ist dies der wahrhaft deutsche Kampf. Ein jeder Deutsche kämpft ihn mit sich. Er kämpft ihn in der Gemeinschaft. Und die Gemeinschaft kämpft ihn in sich. In den Stunden der Erfüllung aber sind diese beiden Pole deutschen Wesens im einzelnen und der Gemeinschaft zur schöpferischen Einheit geworden. Eine solche Stunde lebt im westlichen Chor des Domes zu Naumburg.

Nicht nur in Uta, sondern in allen Stiftern erkennt er also auf einmal diese Einheit; eigens verteilt er die beiden Gegenkräfte sodann noch auf die zwei Ehepaare: »Ekkehard und Uta, das ist die Wehrhaftigkeit des deutschen Menschen. Hermann und Reglindis, das ist die Innigkeit des deutschen Helden.«[188] Der Westchor wird so bei Schreyer zum spannungsgeladenen Ort, wo gegenläufige Kräfte sowohl in als auch zwischen den einzelnen Figuren wirken, was gleichsam noch eine zweite Gegenläufigkeit erzeugt. Dieses Verlangen nach einer besonderen Spannung – und damit auch Bedeutung – wird weiter gesteigert durch das Bedürfnis nach einer Einheit der Gegensätze – und damit nach einer Paradoxie. Diese scheint schließlich wichtiger zu sein als eine genaue inhaltliche Bestimmung der jeweils polaren Kräfte. Erhebend und beliebt ist das Paradox, weil es die übliche Vorstellung und insofern auch das Alltägliche, Gewohnte übersteigt.

Je extremer dabei der Gegensatz ist, desto schwieriger scheinen die Pole zusammenzuführen zu sein, weshalb ihre Vereinigung um so mehr zum bedeutungsvollen Ereignis wird.

Das Deutsche als spannungsreich-elitäre Einheit von Gegensätzlichem zu bestimmen, ist in der deutschen Geistesgeschichte wenigstens seit dem 18. Jahrhundert so geläufig, daß man etwas spezifisch Deutsches zumindest in dieser Affinität sehen könnte. In ihren Anfängen kommt diese Denkfigur noch ziemlich harmlos daher; eher ist von einer Mischung verschiedener Charaktere als von einer erhaben-existentiellen Spannung die Rede, wenngleich sich bereits gewisse Überlegenheitsgefühle andeuten. Kant etwa erblickt im Deutschen »ein gemischtes Gefühl aus dem eines Engländers und dem eines Franzosen«, bemerkt also sowohl eine Neigung zum Kühlen, Spröden und Eigensinnigen als auch die Fähigkeit zum Witz, zur Freude am Schönen und Eleganten, womit sich sogar die beiden ›Wesenspole‹ Utas andeuten. Falls der Deutsche beides, das Englische wie Französische, nicht übertreibe, »übertrifft er sie jedoch beide, in so ferne er sie verbindet«.[189]

Nietzsche steigert die These von deutscher Duplizität noch, wenn er proklamiert,

> ein Deutscher, der sich erdreisten wollte, zu behaupten ›zwei Seelen wohnen, ach! in meiner Brust‹ würde sich an der Wahrheit arg vergreifen, richtiger, hinter der Wahrheit um viele Seelen zurückbleiben. Als ein Volk der ungeheuerlichsten Mischung und Zusammenrührung von Rassen (...), als ›Volk der Mitte‹ in jedem Verstande, sind die Deutschen unfassbarer, umfänglicher, widerspruchsvoller, unbekannter, unberechenbarer, überraschender, selbst erschrecklicher, als es andere Völker sich selbst sind: – sie entschlüpfen der *Definition* (...); ihre Unordnung hat viel vom Reize des Geheimnissvollen; (...). Der Deutsche selbst *ist* nicht, er *wird*.[190]

Das Uneinheitliche wird hier also zum Unergründlichen aufgeladen, und es geht gar nicht darum, welche Haltungen diese vielen ›Seelen‹ des Deutschen ausprägen. Allein das Zusammenwirken von Verschiedenem, die Überwindung des Partikulären durch Komplexität wird zum herrschenden Merkmal und soll superlativische Besonderheit garantieren. Einer solchen Definition sind chauvinistische Züge tief eingeschrieben, und Gesten der Überheblichkeit gegenüber den ›simplen‹ anderen Nationen sind traurige Selbstverständlichkeit. Eine deutsche Überlegenheit – nicht zuletzt eine Befähigung zum Tragischen – wird schließlich auch darin gesehen, die existentielle Spannung heroisch – und leidend – zu bewältigen, die zwischen den Polen entsteht.

Die Vorliebe für eine Verbindung entfernter, inhaltlich aber nicht näher bestimmter Pole zeigt sich im philosophischen Deutschland auch daran, daß kaum ein Denker mehr fasziniert und nachhaltiger beschäftigt als Heraklit. Selbst so unterschiedliche Philosophen wie Hegel und Nietzsche kommen hierin überein. Heraklit ist prominentester Vertreter des Gedankens einer Einheit des Gegensätzlichen, der an die Grenze des Denkbaren führt und immer wieder auch über sie hinaus verführt. Er gilt deshalb als dunkel, tief, unergründlich. Nietzsche lobt Heraklit dafür, die Abläufe der Welt »in das Erhabne und das beglückte Erstaunen« umzudeuten, weil er »den eigentlichen Hergang jedes Werdens und Vergehens (…) unter der Form der Polarität begriff, als (…) zur Wiedervereinigung strebende Tätigkeiten«. Diese ›Wiedervereinigung‹ meine nicht pauschale Harmonie, sondern setze »das Ringen (…) in Ewigkeit fort«.[191] Stolz und Einsamkeit seien die Hauptmerkmale des Heraklit, womit eine Wortkette geknüpft wird, die später in Beschreibungen der Uta pathetischer und kitschiger wiederkehrt.

So wie diese als Artemis fasziniert, suchte übrigens auch Heraklit einst die Nähe der Göttin, indem er seine nur in

Fragmenten überlieferte Schrift in ihrem Tempel in Ephesos hinterlegte und ihr so zueignete. Eine Affinität zwischen der Göttin und dem Denker wird in beider Einsamkeit und mehr noch in einer Lebensform erkannt, die das Gegensätzliche zum Prinzip hat. Über Artemis zeigt sich also auch eine Rezeptionsverwandtschaft zwischen Heraklit und Uta, die sich weiter darin bekundet, daß beide oft über Antipoden definiert werden, Uta nämlich durch die lächelnd-heitere Reglindis, Heraklit durch Demokrit, den weinseligen, immer heiteren Philosophen.

Die Bedeutungsschwere, die die Einheit von Gegensätzlichem vermittelt, war nie so beliebt wie im erhabenheitssüchtigen Deutschland der Zwischenkriegszeit. Und niemand wußte besser mit ihr zu arbeiten als Hitler und die NSDAP, was bereits am Stil der Reden erkennbar wird, so etwa in der häufigen Verwendung von Formulierungen, die Konträres verbinden. Wenn Hitler auf dem Nürnberger Parteitag von 1934 beispielsweise äußert, die nationalsozialistische »Bewegung« stehe »felsenfest«[192], so appelliert er in knappster Weise zugleich an zwei gegensätzliche Sehnsüchte, verheißt nämlich Dynamik und Revolution ebenso wie Ewigkeit und Sicherheit. Was von einem stilkritischen Standpunkt aus umstritten sein mag, erweist sich hier als Pathosgarantie und Erhabenheitsfaktor, gegebenenfalls auch als strategisches Kalkül. Der abtrünnige Nationalsozialist Hermann Rauschning arbeitete bereits in den dreißiger Jahren heraus, in welchem Maße der Erfolg Hitlers der Verbindung konträrer Wertebilder und Ziele zu verdanken war:

Für die nationalsozialistische Führung heißt es gerade umgekehrt, als es für den Führer einer bürgerlich-liberalen Partei gilt: je widerspruchsvoller und irrationaler die eigentliche Lehre ist, desto besser, desto schärfere Profile bekommt sie. Nur was widerspruchsvoll ist, ist lebensvoll. (...) Das Pelzwerk der tausend Flicken und Lappen (...)

zeigt auch das Meisterstück eines im Zynischen großen Geschickes, das deutsche Volk so zu nehmen, wie es genommen sein will: opernhaft romantisch und kleinbürgerlich neidisch, brutal und sentimental, hier der Traum der Romantik von Glück und Glanz und Macht (...), dort das Dunkle, Verworfene, Verruchte, Zerstörende.[193]

Wer sich an einer Akkumulation jeweils schon einzeln sinnstiftender Motive berauscht, verlangt – erinnert sei an Lothar Schreyer – bezüglich des Propagierten keine Logik mehr. Lieber wird diese sogar bezweifelt, steht sie doch für Normalität, Nüchternheit und Reglement, was alles man gerade überwinden möchte. Der Wunsch nach Extremheit und ›Eigentlichkeit‹ bekundet sich also wie im Umgang mit der Sprache so auch in der Selbstdefinition der Deutschen, die ihre gewaltig-gewaltsamste Verwirklichung im Auftreten des Nationalsozialismus fand.

Eine von der Erfahrung des Nationalsozialismus bereits geprägte Reflexion über den Begriff des Deutschen leistet Thomas Mann im *Doktor Faustus* sowie in seiner 1945 gehaltenen Rede *Deutschland und die Deutschen.* Das fiktive, im Saaletal gelegene Kaisersaschern, von wo der Komponist Adrian Leverkühn stammt, trägt zahlreiche Züge Naumburgs, und es wird nicht zuletzt dieser Herkunft angelastet, daß er so problematisch deutsch ist und sich auf einen Teufelspakt einläßt. Wie sehr das deutsche Selbstverständnis die Faszination für Irrationales, Paradoxes und die Alltäglichkeit Übersteigendes einschließt, macht Thomas Mann in folgenden Worten Leverkühns deutlich: »Die Deutschen (...) haben eine doppelgleisige und unerlaubt kombinatorische Art des Denkens, sie wollen immer eins und das andere, sie wollen alles haben. Sie sind imstande, antithetische Denk- und Daseinsprinzipien in großen Persönlichkeiten kühn herauszustellen.«[194]

Mit dem, was Thomas Mann seinerseits zu einer Definition des Deutschen beitragen möchte, verläßt er freilich keineswegs dieses Schema der Duplizität. Eine »Vereinigung von Weltbedürftigkeit und Weltscheu« glaubt er als deutsches Wesensmerkmal ausmachen zu können. Diese Verbindung führe letztlich zu einem Rückzug in die ›Innerlichkeit‹, der »vielleicht berühmtesten Eigenschaft der Deutschen«. Geradezu metaphysisch wird im Deutschen ferner eine besondere und untrennbare Einheit von Gutem und Bösem erblickt: »Daß es nicht zwei Deutschland gibt, ein böses und ein gutes, sondern nur eines, dem sein Bestes durch Teufelslist zum Bösen ausschlug« – das will Thomas Mann als Lehre aus der Geschichte ableiten.[195]

Was in Philosophie und Literatur ein Topos war, findet sich ebenso regelmäßig in der Kunstwissenschaft, sobald es darum geht, das Wesen der deutschen Kunst zu bestimmen. Nur zwei Beispiele: »Deutsche Kunst bewegte sich (…) immer mit völliger Freiheit zwischen Naturferne und Naturnähe, weil die geistige Mitte und die deutsche ›coincidentia oppositorum‹ immer die gleiche bleibt.«[196] Und: »Deutsches Wesen ist nicht im Sinnbild des Kreises mit einem Mittelpunkte zu fassen, sondern nur zu begreifen im Sinnbild der Ellipse: Zwei Brennpunkte dualistischer Wesensart und Begabung stehen in kämpferischer aber organischer Wechselbeziehung.«[197]

Eine Bestimmung der beiden Pole wird hier noch weniger als bei Nietzsche verlangt, Kampf und Spannung zwischen den Wesenszügen sind wichtiger als diese selbst und fungieren als eigentliche Qualitätsmerkmale: »Deutsche Kunst zeigt fast zu allen Zeiten einen Zug zu geistiger und seelischer Höchstspannung« – formuliert der Kunsthistoriker Hans Jantzen und grenzt diese Eigenschaft vom französischen Stil ab, wo »das sinnlich Faßbare und leibhaft Greifbare eines zu formenden Inhalts zumeist in maßvoller Ordnung erscheint«. Auch im weiteren wird das Deutsche bei ihm immer in Differenz zum Französischen und nur scheinbar wertneutral definiert. Die Deutschen scheitern

nämlich höchstens aus Überfülle und unterliegen dann
heroisch im Kampf, während bei den Franzosen zu viel
Konvention und Leere Mißlingensgründe sind: »Deutsche
Kunst steht wegen der ihr innewohnenden starken seelischen Triebkräfte oft der Gefahr gegenüber, in Eigenwillig-
keit sich aufzulösen. Die Kunst der Romanen bleibt gelegentlich wegen der Bindung an vorbestimmte Formen leer.
Im Deutschen wird die Form leicht einmal überwältigt von
der drängenden Flut der Phantasie. Bei den Romanen
bleibt leicht einmal nichts als der Wohllaut der Form
zurück. Das Schicksal der deutschen Kunst ist stets auch
ein starkes Ringen um die Form gewesen ...«[198]

Mit diesen Sätzen spricht Jantzen an, was zu jedem Versuch nationaler Selbstbestimmung gehört, nämlich die
Charakteristik auch derer, von denen man sich abgrenzen
will. Und wenn man sich in Deutschland im allgemeinen
vor allem von den Franzosen zu distanzieren versuchte, so
spielt diese Ambition im Fall von Naumburg noch eine
besondere Rolle.

FRANZÖSISCHE IRRITATIONEN

Beglückt und beschenkt verlassen wir ihn
[den Westchor] immer wieder. In diesem reinen
innigen Gefühl und Empfinden für die höchsten
Schönheitswerte (…) aber liegt zugleich die tiefe,
unüberbrückbare Kluft, die uns von der Lebens-
auffassung unserer Feinde trennt. Sie senden
ihre Waffen aus, die Werke der großen Menschen
zu zerstören …[199]

WÄHREND DAS SELBSTVERSTÄNDNIS DEUTSCHLANDS als
Kulturnation durch die Niederlage im Ersten Weltkrieg
erschüttert wurde, erregte die kunstwissenschaftliche Welt
zur selben Zeit außerdem eine These des bedeutenden
französischen Kunsthistorikers Emile Mâle. Nach der Be-
schädigung der Reimser Kathedrale durch deutsche Trup-
pen 1914 hatte er nämlich damit begonnen, seine wissen-
schaftliche Autorität dazu zu benutzen, der deutschen
Kunst pauschal Originalität abzusprechen und sie der bloßen Nachahmung und Zerstörung der großen französischen
Leistungen zu bezichtigen. Im Grunde kehrte Mâle damit
nur die Vorzeichen um, da es zum deutschen Selbstbild spätestens seit Fichtes *Reden an die deutsche Nation* (1807/08)
gehörte, sich als einzig schöpferisches Volk zu begreifen
und dafür gerade die romanischen Länder als oberflächlich

und epigonal zu charakterisieren. Das Echo, das Mâles 1917 erstmalig verlegtes und auch in den zwanziger Jahren noch in mehreren Auflagen verbreitetes Buch *L'art allemand et l'art français du moyen age* auslöste, kann man aus fast allen in der Folgezeit erschienenen Werken über die Geschichte deutscher Kunst heraushören.[200]

Gerade für die frühgotische Skulptur versucht Mâle die Abhängigkeit der Deutschen von Frankreich zu beweisen, wobei er speziell Bamberg ganz auf Reims zurückführt. Lediglich im Fall von Naumburg bedient er sich einer anderen Strategie: Hier mahnt er weniger französische Einflüsse an, als daß er die Stifterfiguren als Zeichen schlechten und barbarischen Geschmacks interpretiert. In Frankreich würden nur Heilige eine solch prominente Stellung im Kirchenraum einnehmen wie in Naumburg die weltlichen Stifter. So sei die Kunst des Naumburger Meisters völlig diesseitig und lediglich am Menschen und an der Darstellung von Individualität interessiert, während die französische Kunst derselben Zeit den Himmel spiegele und sich zu Allgemeinheit und Idealität erhebe.[201]

Dieses Urteil bewertet freilich nur anders, was ebenso in Deutschland über die Stifterfiguren und ihre Unterschiede zum französischen Stil festgestellt wurde und in den Jahrzehnten nach Mâles Veröffentlichung noch häufig konfirmiert werden sollte. Spricht er abfällig davon, bei den Stifterfiguren handle es sich um »un art ›purement humain‹«, so wird das ›Menschliche‹ von deutscher Seite bekanntlich als Sinn für Individualität, existentielle Spannung, ja als besonderer Realismus und als Lebendigkeit gepriesen und liefert all den pygmalionähnlichen Umtrieben eine willkommene Grundlage.[202] Es gilt sogar im allgemeinen, daß das Selbstverständnis Frankreichs und Deutschlands durch das jeweils andere Land noch bestätigt und lediglich anders konnotiert wird.

Paradigmatisch für die Unterscheidung des Französischen vom Deutschen ist die Naumburg-Beschreibung von

Georg Dehio, die, obwohl 1919 und damit in der besonders angespannten Zeit von Kriegsende und Friedensvertragsverhandlungen publiziert, noch bemerkenswert sachlich bleibt: »Unser Meister hat sie [die Bildhauerwerke von Reims] gekannt; es ist, als ob er bewußt den Gegensatz habe herauskehren wollen. Der Franzose elegant, geschmeidig, verwegen, mit spöttischen Augen und kecker Figur. Der Deutsche schwerfällig, tüchtig, gar nicht auf Repräsentation bedacht, aber sicher in seinem Herrenbewußtsein.«[203] Eine französische Entsprechung dieser Beurteilung formulierte der Kunsthistoriker Louis Réau 1934 in seiner Charakteristik Naumburgs: »Nichts von französischer Eleganz! Diese Paare thüringischer Landesherren, schwerfällig und in sich versunken, streng in ihre Mäntel gehüllt, Hermann und Reglindis, Ekkehard und Uta, Konrad und Gepa, sind so deutsch wie ihre Namen mit den harten Konsonanten. Aber man kann ihren monumentalen Ausdruck nicht leugnen, der bereits die Apostel Dürers ankündigt.«[204]

›Eleganz‹ und ›Schwerfälligkeit‹ lauten also die Begriffe, mit denen man sich in Frankreich wie Deutschland von der jeweils anderen Seite abgrenzt.[205] Dabei gesteht die deutsche Seite den Franzosen meist zu, daß Eleganz Anmut und Feinheit einschließt, während man in Frankreich die deutsche Schwerfälligkeit als Ausdruck geistiger Tiefe zu deuten bereit ist. Erst in einem weiteren Schritt wird aus der Eleganz Oberflächlichkeit und bloße Förmlichkeit, aus dem Schwerfälligen hingegen Brachialität und Dumpfheit. Im Äußersten wird der Franzose zum geist- und kulturlosen Wesen, der Deutsche zum brutalen Rohling. Die beiden Ausgangsbestimmungen lassen sich also ziemlich stufenlos zu Bezeichnungen für Unmenschlichkeit und Barbarei verwandeln.[206]

Auch andere Ressentiments sind auf jene Grundunterscheidung zurückzuführen. So wird etwa an der Formensprache der Stifterfiguren gewürdigt, sie entferne sich »in ihrer drastischen Ausdruckskraft von der höfisch-interna-

tionalen, von Frankreich her bestimmten Art«.[207] Der Vorwurf des Internationalismus, sonst meist gegen die politische Linke gerichtet, war im Deutschland der dreißiger Jahre gleichbedeutend dem Vorwurf der Entwurzeltheit und
mangelnder Bemühung um Eigentümlichkeit. Auch heißt es
gerne, daß in Frankreich das Elegante im Grunde nur
Gepflogenheit und Fassade, nur Eintönigkeit und Regel sei:
»... diese deutschen Köpfe [der Stifter] sind wie weites Land,
über dem warm das Licht eines Sommernachmittags liegt,
dessen Fernen blau verhangen sind; die französischen Köpfe aber sind wie planvoll gehegter Garten, durchsichtig und
erkennbar in jedem Baum, in jeder Pflanze, alles das im vollen unverschleierten Licht eines herbstlichen Mittags«.[208]

Doch gravierender als diese nationalen Definitionsrituale
war im Fall von Naumburg, daß vor allem in den dreißiger
Jahren immer wieder behauptet wurde, die Franzosen hätten im Versailler Vertrag die Deportation der Stifterfiguren
nach Frankreich als Wiedergutmachung für Kriegszerstörungen verlangt: »Auf Grund des Versailler Vertrages sollten sie [= die Stifterfiguren] tatsächlich abgeliefert werden,
eine Zumutung, die gottlob nicht verwirklicht wurde, weil
die Kunstwerke in ihrer festen Verbindung mit den Pfeilern
als unbeweglicher Besitz angesehen werden mußten.«[209]
Dieser Umstand also »rettete sie vor der Erfüllung dieses
wahnwitzigen Verlangens«.[210]

Im Text des Versailler Vertrags ist jedoch kein französischer Anspruch auf die Stifterfiguren formuliert, und auch
andere Kunstwerke sind nicht benannt, die an ihrer Stelle
französische Kulturverluste kompensieren sollten. Zwar
wurde während der Ausarbeitung des Vertragswerks gerade von französischer Seite überlegt, deutsche Kunst zu
beschlagnahmen, doch blieben diese Überlegungen ohne
Folgen.[211] Die Stifter stehen heutzutage nicht etwa deshalb
nicht in Paris oder Reims, weil sie in die Architektur des
Westchors fest eingefügt sind, sondern weil man offenbar

merkte, wie problematisch ein Aufrechnen von Kunstwerken wäre, denen man zugleich eine spezifisch nationale Aussage und Bedeutung zusprach.

Daß die Naumburger Stifterfiguren überhaupt kurzzeitig als Reparationsleistung im Gespräch gewesen sein dürften, läßt sich lediglich einer Notiz der Naumburger Lokalpresse entnehmen, in der am 2. April 1919 »Gegen den Kunstraub der Stifterfiguren des Domes« proklamiert wird. Der Magistrat der Stadtverordnetenversammlung wendet sich hier gegen einen »Vorschlag französischer Kunstgelehrter«, demzufolge

als Ersatz für die zerstörten Figuren an der Kathedrale von Reims auch die frühgotischen *Stifterfiguren unseres Naumburger Domes* genannt [werden]. Die Zerstörung der Kathedrale von Reims war eine schmerzliche Folge des Krieges und ist durch die kriegerischen Maßnahmen der Ententeheere selbst veranlaßt worden. Eine unerhörte Vergewaltigung wäre es dagegen, ohne Not kostbare Kunstwerke nur aus dem Gefühle der Rache heraus zu rauben. Der Gedanke, gerade die *Naumburger* Figuren von ihrem Standorte zu entfernen, kann nur *rohesten Rachegelüsten barbarischer Unkultur* entspringen (...). Denn die Werkstücke, aus denen die Figuren gearbeitet sind, bilden gleichzeitig einen Teil der Wandarchitektur. Löst man sie von dieser los, so bedeuten sie nichts mehr, ebenso wie das Bauwerk nichts mehr bedeuten würde. Man würde also ein Kunstwerk, wie es *einzig* dasteht auf der Welt, zerschlagen und zerstören, ohne daß die Räuber, die doch nur ein Bruchstück des ganzen Werkes fortbringen könnten, wirklichen Nutzen von ihrer schändlichen Tat haben würden. Im Namen der ewig gültigen Kunst, die weit erhaben ist über den politischen Völkerstreit der Gegenwart, erheben *die gesamte Bürgerschaft, Magistrat und Stadtverordnete von Naumburg* aufs allerentschiedenste *Einspruch* gegen den barbarischen Plan dieses Kunstraubes.[212]

Ob »die gesamte Bürgerschaft« sich über die mögliche Deportation der Stifterfiguren entrüstete, ist jedoch zu bezweifeln, und auch der rüde Ton dieser Proklamation darf nicht als Beleg besonderer Erregung genommen werden: Es war der Ton der Zeit und der Zeitungen – verletzt, verstört und einer Kriegsrhetorik keineswegs entwöhnt. Ohnehin waren es überwiegend die ökonomischen Folgen der Kriegsniederlage und des Vertrags, die die Menschen in jenen Monaten bewegten. Angesichts von Hunger und Armut beschäftigte das Schicksal mittelalterlicher Steinskulpturen nur am Rande, zumal auf die Stifterfiguren damals noch keine nationale Aufmerksamkeit gerichtet war, was freilich im nachhinein gerne anders dargestellt wurde: »… als die früheren Feinde im November 1918 und später im Vorentwurf des Schanddiktates von Versailles die Auslieferung der Stifterfiguren verlangten, horchte ganz Deutschland auf«.[213] Tatsächlich wurde diese Angelegenheit offenbar nicht einmal mehr bei einer großen »Kundgebung gegen den Vernichtungsfrieden« angesprochen, die am 18. Mai 1919 in Naumburg stattfand.[214]

Das einzige, was das Gerücht gleich noch 1919 zeitigte, war ein anonym veröffentlichtes, wohl von einem Lehrer in Schulpforta gereimtes Gedicht, das zwar kaum Leser jenseits des Naumburger Tageblattes gefunden haben dürfte, das aber die Politisierung und Ideologisierung, der folgenden Jahrzehnte bereits vorwegnimmt: Eine Geisterstunde wird imaginiert, in der die Stifter sich über ihren drohenden Abtransport nach Frankreich unterhalten. Daß »das Volk im Fieber krank« sei und Deutschland von »Neid und Gier« der Feinde gedrückt werde, äußert Dietrich »in Groll und herber Pein«. Verzagt und traurig fragt Hermann: »Ich trag' es länger nicht. / Wo ist noch deutsche Treue und reiner edler Sinn, / daran man sich erfreue?«, worauf »Reglindis die Polin spöttelt: ›Wie hast du doch so recht! / Dein Deutschland winselt und bettelt. Einst Herr, nun *aller*

ABB. 42 *Dietrich*

Knecht!«« Sie ist, als die Fremde, die einzige, die in der schweren Situation noch lächeln kann, ja sich über Deutschland - und ihren Gatten - lustig macht. Uta und Ekkehard dagegen sind in ihrer Verbitterung einig. »Frau Uta jammert: ›O wehe! Man schleppt uns nach Frankreich hinein, / Daß frech der Welsche uns schmähe. O Not, o grausige Pein!‹« Und Ekkehard bekundet in der Not eine Haltung des Trotzes:

Wir bleiben, ja Gott mög's walten,
    wir bleiben im Heimatland,
Gefallenen Helden zum Ruhme,
    als Mahner dem jungen Geschlecht,
Im deutschen Heiligtume
    und hoffend auf künftiges Recht.
Aus Not und Schmutz und Schande
    erblüht zu frischem Sein,
Zerbricht der Knechtschaft Bande,
    umfaßt den Memel, den Rhein
Ein neues Reich, bald kräftig und edel,
    fest und stark
Nach innen und außen mächtig und treu
    bis in das Mark! [215]

War das deutsche Selbstbewußtsein bis zum Ersten Welt-krieg stark genug, um nicht durch eine Identifikation mit Kunstwerken bestätigt werden zu müssen, so war die Niederlage von 1918 nicht nur eine Demütigung, die neue Formen der Selbstvergewisserung verlangte, sondern es bot sich aufgrund jenes Gerüchts auch an, das nationale Schicksal und die eigene Befindlichkeit gerade in die Figu-ren der Stifter zu projizieren.

Was zuerst allein in Naumburg ein paar Emotionen aus-löste, wurde Jahre später, als die Stifterfiguren weithin berühmt waren, und als die wirtschaftliche Not nicht mehr alle Interessen absorbierte, immer wieder zum Skandal hochgespielt. Da kaum (noch) jemand den Text des Versail-ler Vertrages genau kannte, war es auch einfach, unwider-sprochen ein Gerücht als Tatsache darzustellen. Als Fast-Deportierte wurden die Stifter damit zu unmittelbaren Leidensgenossen, zu Opfern desselben Vertrags, der dem gesamten Land so viel abverlangte. Mit dem Hinweis auf die (angeblichen) französischen Ansprüche auf sie konnte man leicht einen nationalen Besitzreflex auslösen und das Westchor-Pathos weiter forcieren.

Noch aus einem weiteren Grund bedeutete es eine Genugtuung, an die vermeintlich knapp verhinderte Beschlagnahme der Stifter immer wieder zu erinnern: Verrieten die Franzosen mit ihrer Forderung nicht, daß sie deutsche Gotik als bedeutend, als ihren eigenen Dombauten ebenbürtig einschätzten? Mit dieser Interpretation des französischen Interesses an den Stiftern konnte man in Deutschland die Minderwertigkeitskomplexe gegenüber französischer Kunst also ein wenig beschwichtigen, die nicht zuletzt durch Emile Mâle geweckt und gefestigt worden waren.[216]

VARIATIONEN

*Es gibt in der Modernen [sic] nichts Schöneres als
die mittelhochdeutschen Epen und Naumburg,
und wer's einmal in sich hat, erschauert bei jeder
noch so leisen Erinnerung.*[217]

IN GRAUDENZ, das nach dem Ersten Weltkrieg polnisch
wurde, bekam die verbliebene deutsche Minderheit Ende
der zwanziger Jahre die Einrichtung einer eigenen Schule
zugestanden. Trotz wirtschaftlicher Zwänge gelang es, ein
besonders modernes, schülerfreundliches Schulhaus - die
Goetheschule - zu erbauen.[218] In dem Ziegelgebäude gab es
nur helle Räume, dazu Werkstätten und Laboratorien. Und
in einem langen Korridor war, als Höhepunkt, eine Galerie
mit Werken überwiegend zeitgenössischer deutscher
Künstler untergebracht. Man hatte sich um Bild-Reproduk-
tionen bemüht, dann aber - von den Künstlern selbst - viel-
fach sogar Originale bekommen. Otto Dix stiftete einen
kolorierten Holzschnitt, Käthe Kollwitz Abzüge ihrer Holz-
schnittserie *Der Weltkrieg*, Max Pechstein gar ein Gemälde;
weitere Spender waren Erich Heckel, Karl Hofer, Georg
Kolbe, Emil Nolde und Max Slevogt. An den Eingang zu diesem Galerie-Korridor aber postierte man originalgroße
Nachbildungen von Uta und Ekkehard.

ABB. 43 *Uta und Ekkehard in Graudenz*

Mittelalter und 20. Jahrhundert brachte man also aussa-
gekräftig zusammen: Die Naumburger Stifter figurierten
hier als ihres Alters wegen überzeitlich-gültige Leitbilder,
als Stammeltern deutscher Kunst. Anstatt jedoch reak-
tionär mit zweifelhaften Nationalismen verbunden zu werden, spielten sie, wenige Jahre vor der Ausstellung »Entartete Kunst«, bei der Uta teilweise denselben Künstlern
gegenübergestellt wurde, die Rolle von Schutzpatronen für
das, was sich in der deutschen Kunstgegenwart ereignete.
Ihre Anwesenheit und Autorität sollte die Werke der zeitgenössischen Künstler als der deutschen Tradition ebenbür-

tig ausweisen und sie in diese einreihen. Wohl trug auch der Minderheitenstatus der Deutschen in Polen dazu bei, daß man sich um die Gegenwartskunst mit ein wenig nationalem Stolz bemühte, um den Anschluß an das, was ›im Reich‹ geschah, nicht zu verlieren.

Im Bauhaus gab es ebenfalls Bewunderer der Stifterfiguren, vor allem Paul Klee, der offenbar auch einige seiner Kollegen auf Naumburg aufmerksam machte.[219] Hier kommt es also von Künstlerseite dazu, an den mittelalterlichen Skulpturen Maß zu nehmen und sie als kulturelle Vorbilder zu akzeptieren. Doch nahmen diese Ansätze zu einer anderen Rezeption offenbar nie konkretere Form an.

Spätestens 1939, nach der gewaltsamen Regermanisierung des Westteils von Polen, war die Konzeption der Galerie der Graudenzer Goetheschule unmöglich geworden. Über den Verbleib der Bilder und Drucke ist nichts bekannt. Uta und Ekkehard ließ man noch bis zum Kriegsende stehen, nun wohl als germanische Bollwerke gegen das Slawische ausgewiesen. So waren sie dann für die Sowjets und die Polen inakzeptabel, wurden nach 1945 ebenfalls beiseitegeschafft und wahrscheinlich zerschlagen.

Die originale Uta ging aus dem Krieg unbeschädigt hervor, und sie war auch nicht zur Witwe geworden. Zusammen mit den anderen Stifterfiguren hatte sie die Jahre ab 1939 hinter Sandsäcken und einer Holzverschalung ›überlebt‹, die als Schutzmaßnahme gegen eventuelle Luftangriffe und Bombensplitter sogleich nach Kriegsausbruch angebracht wurden, zu einem Zeitpunkt, als man sich um die Zivilbevölkerung wohl noch kaum Sorgen machte.[220] Für die Logik des Kriegs bleiben Kunstwerke, anders als Menschen, nämlich Unikate und gelten deshalb auch als wertvoller.

Als die Stifter 1946 wieder ausgepackt wurden, zeichnete sich bereits die deutsche Teilung ab, und schließlich fiel Uta, das »Ewige Deutschland«, an dessen östlichen Teil. Der staatliche Sozialismus tat sich nicht einmal schwer damit, die Stifterfiguren weiterhin in Ehren zu halten. »Steinerne Wunder« waren sie auch für die DDR noch, wobei man im Naumburger Meister einen realistischen Künstler mit Sinn für die sozialen Aspekte des Lebens zu erblicken versuchte. Nicht nur in einem 1957 von Fritz Gebhardt produzierten Film *Der Meister von Naumburg* wird diese Linie eingeschlagen, sondern vor allem Wolfgang Hütt, Autor eines wichtigen Nachkriegsbuchs über Naumburg und Verfasser zahlreicher Artikel zu den Stiftern, gab diese Deutung vor. Demnach sei in den Figuren »der Widerspruch enthalten, der allen Klassengesellschaften eigen ist und hier in seiner spezifischen Art (...) ausgedrückt wird: der Widerspruch zwischen individueller Menschlichkeit und herrschaftlicher Unnahbarkeit«.[221] Der Realismus des Naumburger Meisters bestehe darin, sich diesem Widerspruch gestellt zu haben und so einen ersten Schritt hin zu seiner Überwindung im Kommunismus gegangen zu sein. »In der Plastik des Naumburger Westchores kommt die gewaltige soziale Kraft zum Ausdruck, die unser Vaterland aus dem Zustand der Barbarei herausführte.«[222] Der Westchor wird damit als Studienort für eine Epoche in der Geschichte der Klassenkämpfe anempfohlen.

Zumindest zu Beginn der fünfziger Jahre empfand man sowohl im Westen wie auch im Osten die Stifter als Mahnung an die deutsche Einheit. Auf ostdeutscher Seite heißt es 1953, der Dombesuch könne bestärken »in dem Willen, unablässig dafür zu wirken, daß Deutschland eins sei, daß uns der Friede erhalten bleibe und daß wir unserer Heimat eine glückliche, sozialistische Zukunft schaffen, in der Werke einer neuen realistischen Kunst gestaltet werden können, die denen der alten Meister würdig zur Seite stehen sollen«.[223] Und in Westdeutschland findet sich folgende pathetisch-merkwürdige Formulierung: »Heute stehen Ekkehard und Uta in gefährdetem Land und mahnen die

ABB. 44 *Luftschutz im Westchor*

Deutschen von hüben und drüben des Eisernen Vorhanges, daß die Grenze zwischen Europa und Asien durch die Seelen der Menschen geht.«[224] Mitunter wurde auch ein Bild der Uta zur Konfirmation ausgeteilt, um den jungen Menschen im Westen den Wunsch einzupflanzen, einmal ihre Statue im Original und in einem wiedervereinigten Deutschland sehen zu können. Eine 1957 in Berlin ausgegebene Briefmarke, die Uta ganzfigurig und allein zeigt, mag ebenfalls als eine solche Mahnung an die deutsche Einheit gedacht gewesen sein.

Doch zu einem Symbol hierfür wurde Uta dennoch nicht, und dies nicht nur, weil beide Seiten an derartigen Symbolen schon bald kein größeres Interesse mehr hatten, sondern auch weil Utas Beliebtheit infolge eines allgemeinen Wertewandels schwand. Nicht nur verlor sich – wie bereits angedeutet – das Bedürfnis nach Opfer-Pathos, sondern auf einmal war vielen auch ihr Ausdruck zu streng, zu kühl, zu arrogant und geriet so in Widerspruch zum freizügigeren Stil, der sich durchsetzte. Das Bild der ideologisch verbrämten Uta verlor immer mehr an Kontur; schließlich war sie von all den Rollen befreit, die man ihr drei Jahrzehnte lang aufgebürdet hatte; mittlerweile taucht sie fast nur noch als Erinnerung, als Assoziation auf.[225]

Wohl zum ersten (und einzigen) Mal veranlaßte ihr Bild nun auch einen nicht-deutschen Schriftsteller, ihr einen besonderen Status einzuräumen.[226] Der russische Autor Daniil Granin – unter Boris Jelzin auch Präsidentenberater – veröffentlichte 1967 ein Reisebild mit dem Titel *Die schöne Uta*, in dem diese ihm zum Inbild eines guten, antifaschistischen Deutschland wird. Utas Gesicht erinnert ihn insbesondere an eine Leningrader Freundin; ihre Geste, mit dem Kragen einen Teil des Gesichts zu verdecken,

> ist mir von einer Frau vertraut, die ich kannte. Nur war ihr Mantel aus Nylon, und sie stand an einer Taxihaltestelle. Wir nahmen Abschied voneinander, und gerade darum erschien sie mir bildschön – so prägte sie sich in mein Gedächtnis ein. Auch das Gesicht der Uta war von solcher Schönheit und Zartheit, wie sie nur die Poesie oder die Fotografie zur Geltung bringen können; nichts sonst, nicht einmal die Musik kann von ihrem Gesicht erzählen. Und ich, der ich die Elektrotechnik und die Kybernetik kenne, der weiß, daß sich das All erweitert – ich

stand im kalten Dom und erstarrte vor Begeisterung, fühlte mich glücklich und nichtig vor dieser Schönheit, genau wie die Menschen vor vier- oder fünfhundert Jahren.[227]

Wie unterschiedlich der Ton gegenüber den deutschen Texten der dreißiger Jahre hier auch sein mag, so fällt doch die Wiederkehr einiger Motive auf. Aus Lothar Schreyers Bahnschranke ist eine Taxihaltestelle, aus dem Kartoffelsack ist Nylon geworden, getragen von einer Frau, die wiederum besonders attraktiv auch deshalb wirkt, weil man sich von ihrem Anblick zu trennen hat. Und wenn sich Granin »glücklich und nichtig« zugleich im Westchor fühlt, dann klingt von fernher die Zwiefalt von Anmut und Erhabenheit an, die Uta für viele ausstrahlt. Doch spricht hier kein Nostalgiker, der mit seiner Zeit Probleme hat, sondern ein Techniker. Auch erkennt Granin die Bedeutung der Fotografie für die Vermittlung von Utas Schönheit; sie ist ihm wie die Poesie eine interpretierende Kunst.

Traditionell mutet es dagegen wiederum an, wenn Granin im Verlauf seines Textes zwischen Uta und Reglindis eine Antithese aufbaut. Wie er jene in einer Genossin wiederfindet, so fühlt er sich an diese bei einer jungen Deutschen erinnert, auf die er zusammen mit ihrem Freund in Jugoslawien trifft. »Er triumphierte, der schöne, kraftstrotzende, blauäugige Jüngling mit der gekonnt herausgeputzten Freundin, die Reglindis ähnelte.« Die beiden sind für ihn Rowdys, und er spürt an ihnen »eben das Faschistische, Verhaßte, eine besondere Hinterhältigkeit«. Sie werden also kurzerhand unter die Gruppe der »Touristen aus der BRD« subsumiert, während die DDR das gute, kommunistische Deutschland ist, in dem sich auch Uta befindet. Was bereits bei Utas Funktion als Gegenbild zu ›Entarteter Kunst‹ deutlich wurde, bestätigt sich hier: Sie kann nie auf der ›falschen‹ Seite stehen, man kann sie nicht verurteilen, sie ist festgelegt darauf, Vorbild und Heldin zu sein.

Daß sie in ihrer Integrität sogar dazu berufen ist, über andere zu urteilen, wird in Granins Text in einem »gespenstischen Schauspiel« vorgeführt. In einem Geschworenenprozeß ist ein deutscher Fliegeroberst angeklagt, der im Zweiten Weltkrieg an den Bombardements von Leningrad mitgewirkt hat und sich nun auf seine Gehorsamspflicht als Soldat beruft. »Die zwölf Geschworenen ähnelten den zwölf Naumburger Figuren, darunter befanden sich Uta, der Markgraf Eckehard von Meißen, und der traurige Hermann. In der Mitte saß der hagere Richter, der irgendwie an Goethe erinnerte.« Der Deutsche hat sich also gegenüber dem Maßstäblichen seiner eigenen Kultur zu verantworten, und die Kunst gilt auch hier als moralische Instanz. Wie aber urteilen Goethe und Uta über den Fliegeroberst, nachdem die Staatsanwaltschaft erdrückende Beweise für dessen Schuld vorgelegt hat? Das Gericht zieht sich zur Beratung zurück.

Eine Stunde verstrich, eine zweite, das Gericht kehrte nicht zurück. Die Besucher gingen auseinander. Als der Angeklagte den Kopf hob, waren nur noch sehr wenig Leute im Saal, die Wache war abgezogen. Ein Gerichtsdiener kam und löschte die Kerzen. Der Angeklagte fragte, wo das Gericht sei. Der Diener wußte es nicht. Da sprang der Angeklagte auf, trat hinter der Brüstung hervor - niemand hielt ihn zurück, er schritt auf die Tür zu, durch die das Gericht verschwunden war, klopfte an, niemand antwortete. Er riß die Tür auf. Das Zimmer war leer. Es wird kein Urteil geben.[228]

Der Angeklagte empfindet dies als eine Qual, denn damit ist ihm auch die Möglichkeit der Sühne genommen. So gesehen ist das Nicht-Urteil das härteste Urteil, und der Faschismus wäre gerade auch gemäß den - humanistischen - Kriterien deutscher Kultur ein unentschuldbares Vergehen. Andererseits könnte man das Verschwinden von Goe-

the und den Stiftern – Uta an der Spitze – auch als Eingeständnis einer Mitschuld interpretieren: Dieser Richter
und diese Geschworenen sind zu befangen, um über den
Nationalsozialismus zu urteilen, sie sind sich bewußt, daß
dieser auch ein Produkt der deutschen Geistesgeschichte
ist, an der sie selbst beteiligt sind.

Granin scheint diese Variante allerdings nicht nahelegen
zu wollen. Vielmehr zeigt ihm gerade Uta, daß das wahre
Deutschland dem Nationalsozialismus entgegengesetzt ist,
und sie öffnet ihn, der die Belagerung Leningrads durch die
Deutschen leidvoll miterleben mußte, erst für das einstige
Feindesland. Schließlich – am Ende des Textes – kehren
Utas Züge nicht nur bei der Landsmännin und Freundin
wieder, sondern Deutschland und die Sowjetunion werden
bei einem Spaziergang Granins mit jenem deutschen Fliegeroberst durch Leningrad gleichsam wirklich versöhnt:
»Wir gingen die Taurische Straße entlang. Im grauen Stein
der Häuser tauchten die Züge der Uta, ihr schönes Gesicht
auf.«[229]

REZEPTIONSUNGLÜCK

Wohl selten oder vielleicht nie hat ein lebendes
Geschlecht so viel Ehrfurcht und Verständnis für
vergangene kulturell wertvolle Zeiten gehabt (…).
Planmäßig werden diese hohen Güter geistig
ins Volk getragen, damit es selbst zum Hüter
und Pfleger der Schätze werde. Möge auch das
Naumburger Wunder, der Dom mit seinen
steinernen Menschen, den ihm gebührenden Platz
im Herzen jedes echten Deutschen finden,
und möge es das werden, was es verdient:
Ein Heiligtum der Deutschen.[230]

ALS BEDEUTEND GERÜHMTE KUNST kann in üble Rezeptionsgesellschaft geraten; und die Stifterfiguren hatten nicht das Glück, daß sie jemand daraus befreite, als der Umgang mit ihnen fast schon ikonoklastische Dimensionen annahm. Muß es aber nicht auch an ihnen selbst liegen, wenn sie so einseitig zum Objekt von Trivialität und Ideologie wurden? Ist es bloß Pech, daß kein Gedicht Rilkes über die Frauentypen der Stifterinnen rezitiert werden kann und daß es keine Zeichnung von Paul Klee mit einem Titel wie *Reconstruierte Uta* gibt?

Viele bekannte Kunstwerke haben nicht stark auf die Geistesgeschichte eingewirkt und werden relativ folgenlos geschätzt oder gar bewundert.[231] Was fehlt Haydn, daß er kaum – wie Mozart und Beethoven – Gegenstand philosophischer und literarischer Studien wurde? Was unterscheidet Monet von Manet oder Cézanne, daß sich Theorien philosophischer Ästhetik primär an diesen zu bewähren haben? Eventuell kam die Auseinandersetzung mit Naumburg zu spät, ohne daß man sagen könnte, sie sei davor bloß versäumt worden. Als im 18. Jahrhundert die Debatten über Kunst besonders nachhaltig geführt wurden, vermochten die Stifterfiguren die gestellten Ansprüche nicht zu erfüllen. Die Zeit ihrer Rezeption fiel dann mit der unheilvollsten Periode deutscher (Geistes-)Geschichte zusammen, wobei jene etwas unangenehme Frage offen bleiben muß, ob die Stifter nicht auch deshalb auf einmal Interesse fanden, weil schlechte Rezeptionsgewohnheiten sich so mächtig artikulieren konnten.

Von einem nüchternen und distanzierten Standpunkt aus präsentiert sich ihre gesamte Rezeptionsgeschichte als unglücklich und ist – zumindest im 20. Jahrhundert – Ausdruck eines hypertrophen Kunstbegriffs. Die Fatalität von Romantik und Innerlichkeit, die keiner strengen Selbstkontrolle unterliegen, wird kaum anderswo deutlicher als im Fall von Naumburg. Leidende Identifikation, Suche nach Erhabenheit, mystisch-einsame Versenkung, nationalistische Verklärung, Sentimentalität und Schwermut – das alles sind Rituale einer überzogenen Erwartungshaltung gegenüber Kunst. Das Unglück ergab sich daraus – und hierin besitzt der Fall ›Naumburg‹ eine gewisse Allgemeingültigkeit –, daß man meinte, das ›Kunsthafte‹ der Stifter mit Hilfe eines bestimmten Verhaltens eigens erspüren und isolieren zu können. Man hatte kaum ein sachliches Interesse an den Figuren, sondern einfach nur Sinnbedürfnisse, derentwegen man sich überhaupt in die Kunst und dann ersatzweise, aus uneingestandener Verlegenheit, in die Sprache flüchtete. Wo der Sinn einer Sache nur darin gesucht wird, Sinn zu stiften, begibt man sich aber in einen Leerlauf, durch den die Rezeption anstrengend wird und schließlich doch erfolglos bleibt.

Da die Kunstgläubigen weitgehend unter sich blieben, kam es in den Jahrzehnten reger Rezeption nicht einmal zu einer Kritik an all den Klischees und Ideologisierungen, die diesen Leerlauf zu füllen hatten. Es fehlte ebenso an Auseinandersetzungen und Debatten zwischen einzelnen Naumburg-Exegeten, was die Monotonie dieser Rezeption zusätzlich charakterisieren mag; vielmehr formulierten die meisten ihren Rezeptionsbericht mit einem vehementen Gestus der Unmittelbarkeit, der die Referenz auf andere Autoren von vornherein verbot. Man nahm sich zur Kenntnis nur, um wechselseitig den Grad an Enthusiasmus und Ergriffenheit zu prüfen. Und falls zumindest in Rezensionen über die Naumburg-Literatur geurteilt wird, geschieht dies im selben euphorischen Vokabular, das sonst den Stiftern zugedacht wird.

So würdigt etwa ein Kritiker des Trivialromans *Der Edelen Not* von Hans Sterneder, hier werde »das Glück und die Not adliger Menschen (...) zu eben solch bleibender Wahrheit, wie es die steinernen Gestalten im Westchor des Naumburger Doms über Jahrhunderte geblieben sind. Dies Buch ist eine Schöpfung, die die Versenkung stiller Stunden erst in ihrem ganzen Wert erkennen lassen kann.«[232] Es fehlt hier offenbar ein Bewußtsein dafür, daß naumburgfeiernde Literatur deutlich schlechter sein könnte als ihr Gegenstand. Das Repertoire an Sprechweisen über alles, was als Kunst wahrgenommen wird, erweist sich damit als außerordentlich schmal. Selbst eine 1943 in Wien angenommene germanistische Dissertation über *Die Stifterfiguren des Naumburger Doms in der Dichtung* verzichtet völlig auf eine kritische Reflexion zu den interpretierten Texten und hat so jegliches Kriterium für die Beurteilung von Literatur verloren.

Da werden Lothar Schreyer oder Felix Dhünen gewürdigt, als seien sie feste Größen der deutschen Geistesgeschichte.

Weder hier noch sonst einmal wird bedacht, in welchen Traditionen diese Autoren und andere Naumburg-Rezipienten stehen. Dieses Übersehen einer langen Genealogie des Verständnisses von Kunst ist aber viel problematischer als das Übersehen der Stifterfiguren durch diejenigen, welche an jener Genealogie mitwirkten, bedeutet es doch eine Vernachlässigung der Rezeptionsbedingungen. Schlimmer noch als das oft Ideologische der Texte zu den Stiftern ist also die von blinder, ganz und gar unsouveräner Kunstgläubigkeit zu verantwortende Unreflektiertheit, mit der das jeweilige Rezeptionsverhalten abläuft. Für die Zeit, in der Uta zu einer deutschen Ikone wurde, fällt der Blick somit auf eine verstörte Kultur, die von ihrer eigenen geistigen Vergangenheit überfordert war und in ihren Verirrungen deren Kehrseite offenbarte.

ANMERKUNGEN

1. FRIEDRICH NIETZSCHE: *Ecce Homo, KSA* Bd. 6, S. 263
2. NOVALIS: *Die Christenheit oder Europa,* Schriften Bd. 3, Stuttgart 1960, S. 519
3. GREGOR GROITZSCH: *Libellus Continens Salae Fluvii descriptionem,* Leipzig 1584, S. 28; JOHANN MARTIN SCHAMELIUS: *Historische Beschreibung von dem ehemals berühmten Benedictiner-Kloster zu St. Georgen,* Naumburg 1728; JOHANN HEINRICH ZEDLER: *Großes vollständiges Universallexikon,* Leipzig/Halle 1740, Bd. 23, Sp. 1302
4. FRIEDRICH SCHILLER: *Brief vom 23. bis 25. Juli 1787 an Christian Gottfried Körner,* Nationalausgabe Bd. 24, Weimar 1989, S. 105
5. WILHELM HEINRICH WACKENRODER: *Werke und Briefe,* München 1984, S. 66ff.
6. Zitiert nach: LUDWIG GROTE: »Die Naumburger Stifterfiguren als Almanachschmuck«, in: *Zeitschrift für Kunstwissenschaft 2* (1948), S. 64
7. JOHANN WOLFGANG VON GOETHE: *Werkausgabe* IV. Abteilung Bd. 23, Weimar 1900, S. 318f.
8. Gottfried Schadow in einem ungedruckten Brief an Goethe vom 28. Juni 1817; abgedruckt bei Grote, a.a.O., S. 64
9. FRIEDRICH WILHELM JOSEF SCHELLING: »Kunstgeschichtliche Anmerkungen zu Johann Martin Wagners Bericht über die äginetischen Kunstwerke«, in: *Werke,* Dritter Ergänzungsband, München 1959, S. 599 (das Zitat stammt von Wagner)
10. CARL PETER LEPSIUS: *Ueber das Alterthum und die Stifter des Doms zu Naumburg und deren Statuen im westlichen Chor,* Naumburg 1822, S. 1f.
11. *Mitteldeutsche National-Zeitung* (Ausgabe Naumburg) vom 26. Februar 1938
12. Diese Zitate allein: *Mitteldeutsche National-Zeitung* (Ausgabe Naumburg) vom 27. Februar 1938
13. JOHANN DOMINIK FIORILLO: *Geschichte der zeichnenden Künste in Deutschland und den vereinigten Niederlanden* Bd. 1, Hannover 1815, S. 77

14. JOHANN GUSTAV BÜSCHING: *Reise durch einige Münster und Kirchen des nördlichen Deutschland 1817*, Leipzig 1819, S. 342ff.

15. AUGUST SCHMARSOW: *Die Bildwerke des Naumburger Domes,* Magdeburg 1892, S. 3

16. MARIE VON THURN UND TAXIS-HOHENLOHE berichtet über ihren Besuch des Naumburger Doms mit Rilke in: *Erinnerungen an R.M.Rilke,* München 1932, S. 23f. - Ganz zuverlässig ist ihr Bericht freilich nicht. So schreibt sie, im Kreuzgang des Doms habe auf Rilke das Relief eines jungen Ritters sowie »die Grabinschrift eines schwedischen Pagen, der an der Seite Gustav Adolfs gefallen war«, besonderen Eindruck gemacht. Diese Inschrift auf dem Grabstein des Augustus von Leubelfing findet sich jedoch in der Wenzelskirche.

17. Ungefähr zur selben Zeit erwies auch ERNST HARDT in seinem damals sehr erfolgreichen Theaterstück Tantris der Narr (1906) - einer Bearbeitung des Tristan-Stoffs - den Naumburger Stiftern eine kleine Reverenz, indem er in den Regieanweisungen vermerkte: »Tracht und Haltung der Gestalten entspricht der starken, keuschen und verhüllten Art der Fürsten-Statuen im Chor des Naumburger Doms.« (Leipzig [8]1917, ohne Seitenzahl)

18. GERHART HAUPTMANN: *Sämtliche Werke* Bd.2, Berlin 1965, S.347f.

19. Für diesen Hinweis danke ich Dr. Siegfried Wagner herzlich. - Die Gipsformerei der Staatlichen Museen in Berlin hat(te) ein Monopol für die Herstellung von originalgetreuen Gipsabgüssen der Stifterfiguren (mit Ausnahme des Konrad) und ihrer Baldachine wie übrigens auch des Westlettners und seiner Teile. Seit 1903 läßt sich für die Stifter die Produktion nachweisen. Bis 1955 (so weit reicht die genaue Katalogisierung) wurden 34 Uta-Skulpturen angefertigt und 28 ›Ekkehards‹. Diesen Spitzenreitern folgt Gerburg mit 14 Exemplaren, Hermann mit 13 und Reglindis mit 12. Auf nur vier Abgüsse kommt Dietmar. Dem Katalog für käufliche Abgüsse der Gipsformerei von 1925 ist zu entnehmen, daß die Kosten für eine Stifterfigur RM 150,- betrugen. - Leider ist das Kunden-Archiv der Gipsformerei im Zweiten Weltkrieg verbrannt, so daß die Käufer der nachgebildeten Skulpturen nicht mehr zu eruieren sind.

20. FELIX DHÜNEN: »Der Dom zu Naumburg«, in: *Velhagen & Klasings Monatshefte,* Dezember 1935, S. 368

21. Gelegentlich wird allerdings auch gerade Goethes Urteil über Naumburg verdreht und als Ausnahme gelobt: »Goethe hatte die Stifterfiguren im Dom zu Naumburg gesehen; er hatte ihren Wert und ihren hohen künstlerischen Rang erkannt.« (FRANZ RODENS: *Vom Wesen deutscher Kunst,* Berlin [2]1941, S. 11) - Für diesen Hinweis danke ich Dr. Stephan Waldhoff.

22. Referat einer Ansprache von Stadtrat Ballerstedt, in: *Chemnitzer Neueste Nachrichten* vom 13. Mai 1935

23. *Münchner Neueste Nachrichten* vom 3. Oktober 1935

24. Vgl. die - freilich nicht vollständige - schriftliche Dokumentation der Tagung in WERNER JAEGER (Hrsg.): *Das Problem des Klassischen und die Antike,* Leipzig 1931

25. GEORG WILHELM FRIEDRICH HEGEL: »Vorlesungen zur Ästhetik«, *Werke* Bd. 14, Frankfurt am Main 1970, S. 362, 364, 371

26. PAULUS HINZ: *Der Naumburger Meister,* Berlin ²1954, S. 25, 26, 29, 38

27. HEGEL, a. a. O., S. 400

28. KONRAD WEISS: *Deutschlands Morgenfahrt,* München 1950, S. 15, 24. - Die in diesem Buch berichteten Reisen fanden in den Jahren 1933 bis 1937 statt.

29. Analog, jedoch schon zu einem Dualismus zwischen Griechenland und ›Germanien‹ gesteigert, stellt GERTRUD BÄUMER in ihrem Naumburg-Buch *Der ritterliche Mensch* (Berlin 1941, S. 17) fest: »Die Menschendarstellung im mittelalterlichen Germanien beginnt nicht, wie die griechische, bei der Gestalt, sondern beim Ausdruck. Ihr bewegender Anstoß ist nicht das Außen, sondern das Innen. Nicht der Mensch an sich ist Gegenstand und Sinn der Darstellung, sondern der Mensch im Erlebnis, in der seelischen Bewegtheit.«

30. LUCY NATH: *Im Dom zu Naumburg,* Leipzig 1936, S. 27

31. LOTHAR SCHREYER: *Frau Uta in Naumburg,* Oldenburg 1934, S. 39

32. ERNST SCHUBERT: *Der Naumburger Dom,* Ostberlin 1968, S. 36, 37

33. WOLFGANG HÜTT: *Der Naumburger Dom,* Dresden 1956, S. 91

34. GERTRUD BÄUMER: *Die Frauengestalt der deutschen Frühe,* Berlin 1928, S. 10

35. HEGEL, a.a.O., S. 394

36. BÄUMER, a.a.O. 1941, S. 113

37. HEGEL, a.a.O., S. 398

38. CURT SECKEL: »Die Stifterfiguren des Naumburger Domes«, in: *Der Kunsthandel II* (1951), S. 9

39. FRIEDRICH WILHELM JOSEF SCHELLING: »Über das Verhältnis der bildenden Künste zur Natur«, a.a.O., S. 416

40. SIEGFRIED BERGER: *Uta und der Blinde,* Merseburg ²1936, S. 35, 36, 42

41. Das Naumburger Domstift erhielt deswegen auch Anfragen wie die folgende: »Meine gestern geborene Tochter möchte ich gern Uta, nach der Figur des Doms nennen und bitte mir mitzuteilen, ob sich diese Uta mit einem oder zwei t schreibt. Ihrem freundlichen Bescheid gern entgegensehend ...« (aus einer Postkarte vom 5. Januar 1936). - In der DDR der sechziger Jahre erlebte der

Name »Uta« eine kleine Renaissance, wofür jedoch weniger die Naumburger Figur als eine Assoziation des Namens mit ›Utas‹ aus der vorangehenden Generation verantwortlich war (vgl. hierzu BERND KLEINTEICH: *Vornamen in der DDR 1960–90,* Berlin 1992). Für Hinweise zur Vornamenwahl ›Uta‹ danke ich Dr. Thomas Brechenmacher herzlich.

42. Freilich dienten auch Ekkehard oder Gerburg als Namensvorlagen; doch erlangten diese Namen, anders als »Uta«, nie beachtlichere Verbreitung; häufig kam es zu ihnen nur aus familiärer Konsequenz: Wo schon eine »Uta« war, lag ein »Ekkehard« nahe.

43. HEGEL, a.a.O., S. 389f.

44. ERNST FÖRSTER: *Denkmale deutscher Baukunst, Bildnerei und Malerei* Bd. 5, Leipzig 1859, Abteilung Bildnerei S. 26. – Erst als 1939 die ersten Farbfotografien der Stifter publiziert wurden, stellte man zu ihrer Rechtfertigung fest: »Die Form wird gesteigert durch die Farbe.« (*Mitteldeutsche National-Zeitung* [Ausgabe Naumburg] vom 28. Mai 1939)

45. Daß der Naumburger Meister einem »klassischen griechischen Meister zuinnerst verwandt« ist, weil er grundsätzlich einen »Einklang von Seele und Leib« erreichen konnte, daß ihm aber zugleich »das Menschliche (…) zu menschlich, die Wirklichkeit zu groß« erschien, »als daß er hätte glauben dürfen, ihr in Einklängen allein gestalterisch gerecht werden zu können«, behauptet der Kunsthistoriker Hubert Schrade in seiner Naumburg-Deutung. Während er bei Uta (und auch bei Ekkehard) klassischen Einklang vorherrschen sieht, sind ihm die anderen Figuren Dokumente einer emotionsbetonten, expressiven Gestaltung, bei der »das Unausschöpfbare der Wirklichkeiten der Seele und des Leibes« zum Ausdruck komme. – HUBERT SCHRADE: »Der Dom zu Naumburg«, in: *Deutsche Kunst* II, 4. Lieferung, Bremen/Berlin 1936, ohne Seitenzahl

46. Bezogen auf Uta in einem Artikel der *Mitteldeutschen National-Zeitung* (Ausgabe Naumburg) vom 16. Juni 1939.

47. SCHUBERT, a.a.O., S. 36

48. HÜTT, a.a.O., S. 88

49. WALTER F. OTTO: *Die Götter Griechenlands,* Frankfurt am Main ^{3}1947, S. 63, 93, 81, 82f., 84, 90

50. ILSE ZANDER: »Sinn und Entstehung des Naumburger Stifterchors«, in: *Forschungen und Fortschritte* 29, 12/1955, S. 370

51. SCHUBERT, a.a.O., S. 36f.

52. BÄUMER, a.a.O. 1928, S. 10

53. CURT FREIWALD: »Romantische Landschaft um Naumburg«, in: *Hallesche Bühnenblätter* April 1937, S. 388

54. HEINRICH BERGNER: *Beschreibende Darstellung der älteren Bau- und Kunstdenkmäler der Stadt Naumburg,* Halle 1903, S. 109

55. BÄUMER, a.a.O. 1928, S. 10

56. HELGA SCIURIE: »Die Naumburger Stifterfiguren zwischen Repräsentation und Gericht«, in: SCIURIE/MÖBIUS: *Der Naumburger Westchor,* Worms 1989, S. 26

57. BERGNER, a.a.O., S. 109

58. OTTO, a.a.O., S. 64

59. BÄUMER, a.a.O. 1928, S. 10

60. So z.B. bei: ANONYMUS: »Eine Stunde mit Uta von Naumburg«, in: *Die Frau,* Beilage der *Münchner Neuesten Nachrichten* vom 6. Oktober 1935

61. Für Hinweise zu dieser Usance danke ich Wolfgang Döbereiner.

62. ROBERT STÖWESAND: *Der Stifter der Stifter,* Clausthal 1959 (^{2}1966), S. 48, 87, 49, 51

63. Ebd., S. 53, 1, 88

64. JULIANE VOGEL: *Elisabeth von Österreich. Momente aus dem Leben einer Kunstfigur,* Wien 1992, S. 165

65. HEINRICH BERGNER: *Naumburg und Merseburg,* Leipzig 1909, S. 40

66. HÜTT, a.a.O., S. 91

67. *Braunschweiger Neueste Nachrichten* vom 6. September 1935

68. SCHMARSOW, a.a.O., S. 21

69. BERGNER, a.a.O. 1903, S. 109

70. HERMANN LUCKENBACH: *Geschichte der deutschen Kunst,* München 1926, S. 198

71. HINZ, a.a.O., S. 33f.

72. TONI ROTHMUND: »Die Stiftergestalten des Naumburger Doms«, in: *Naumburger Heimat* (Beilage zum *Naumburger Tageblatt*) vom 3. Februar 1926

73. PETER METZ: *Der Stifterchor des Naumburger Doms,* Berlin 1947, S. 48

74. HÜTT, a.a.O., S. 91

75. FRIEDRICH SCHILLER: *Über Anmut und Würde,* NA Bd. 20, Weimar 1962, S. 281, 280, 287

76. BERGNER, a.a.O. 1909, S. 40

77. BÄUMER, a.a.O. 1928, S. 9

78. BERGNER, a.a.O. 1909, S. 40

79. SCHILLER, a.a.O., Bd. 20, S. 294, 296, 300

80. Ebd., S. 302, 305f.

81. *Nationalsozialistische Rheinfront Ludwigshafen* vom 29. Juni 1940

82. Schiller, a.a.O., Bd. 20, S. 300f.

83. BARBARA ZAEHLE: »Frauengestalten in der bildenden Kunst des Mittelalters«, in: *NS-Frauenwarte,* 8. Jg., 1. Augustheft (1939), S. 80

84. SCHILLER, a.a.O., Bd. 20, S. 359f., 378

85. E. OPPENS: »Vom Geiste des Naumburger Domes«, in: *Naumburger Heimat* (Beilage zum *Naumburger Tageblatt*) vom 12. Juli 1926

86. *Mitteldeutsche National-Zeitung* (Ausgabe Naumburg) vom 24. Juli 1937

87. Als wohl einziger verlieh ihr übrigens GEORG DEHIO ein negatives Attribut, als er ihr in seiner Geschichte der deutschen Kunst zwar schöne, aber auch »etwas geistlose Züge« nachsagte (Berlin/Leipzig ⁴1930, S. 343).

88. EBERHARD PREIME: »Steinerne Hände des 13. Jahrhunderts«, in: *Kunst und Volk,* 4. Jg., Heft II (1936), S. 409

89. AUGUST SCHMARSOW: »Im Stifterchor zu Naumburg«, in: *Zeitschrift für Kunstgeschichte* 3 (1934), S. 8

90. Der Reiter wurde in nicht weniger Menschen Gedächtnis zum ›Naumburger Reiter‹, und es wird nach ihm in Naumburg immer wieder gefragt, nachdem die erste Enttäuschung darin besteht, ihn nicht neben Uta vorzufinden. – Zur Ideologisierung des Reiters vgl. BERTHOLD HINZ: »Der ›Bamberger Reiter‹«, in: MARTIN WARNKE (Hrsg.): *Das Kunstwerk zwischen Wissenschaft und Weltanschauung,* Gütersloh 1970, S. 26–44

91. STÖWESAND, a.a.O., S. 88

92. Die politische Linke beteiligte sich allerdings offenbar nicht an der Indienstnahme der Stifterfiguren. Vielmehr findet sich sogar einmal der Vorwurf, daß »marxistische Zeitschriften [die Stifterfiguren] als Fratzen und Zerrbilder verhöhnten« (*Der Türmer* von Chemnitz 1935, Folge 5/6, S. 205). Doch kann diese Behauptung hier ebensowenig belegt werden wie ein Zitat, das sich in der Beilage *Naumburger Heimat* des *Naumburger Tageblatts* vom 10. Mai 1933 findet und angeblich einem am 25. April 1928 im *Zeitzer Volksboten* publizierten Artikel entstammt: »Es ist eine Art Kunstschriftstellerei, die aus jedem Floh einen Berberhengst machen möchte. Der Mensch von heute heuchelt, wenn er behauptet, vor diesen Steinbildern in Ekstase zu geraten.«

93. Zitiert nach: PETER-KLAUS SCHUSTER (Hrsg.): *Nationalsozialismus und ›Entartete Kunst‹,* München 1987, S. 170f.

94. WILHELM PINDER/WALTER HEGE: *Der Naumburger Dom und seine Bildwerke,* Berlin ⁵1935, S. 40

95. BÄUMER, a.a.O. 1944 S. 114

96. HINZ, a.a.O., S. 34

97. SCHREYER, a.a.O., S. 6f.

98. Ebd., S. 63, 38ff.

99. ROTHMUND, a.a.O.

100. BÄUMER, a.a.O. 1944, S. 145

101. WALTER BAUER: *Die größere Welt*, Berlin 1935, S. 73

102. FREIWALD, a.a.O., S. 389

103. WEISS, a.a.O., S. 26. – Das Kapitel über seinen Aufenthalt im nahen Schulpforta fängt bei Weiß übrigens mit der Schilderung eines »schönen Morgens« an, mit »Schritten der Frühe und des Arbeitsbeginns« (ebd., S. 29). Die sentimentalische Haltung, in der der Dom gerade auch von Weiß besucht wurde, ist hier in eine weltzugewandtere Neugier verwandelt, was bestätigt, daß der Vormittag eher einer *vita activa*, der Nachmittag dafür einer *vita contemplativa* verwandt ist.

104. Dazu paßt, daß sich die erste Erwähnung einer »sehr behaglichen Nachmittagsstunde«, die man in Ruhe in Naumburg verleben könne, in WILHELM VON SCHOLZ' Buch *Städte und Schlösser* findet (Gotha 1918, S. 9), das in Trauer um den gerade im Krieg gefallenen Sohn des Autors geschrieben wurde.

105. *Allgemeine Zeitung Chemnitz* vom 13. Mai 1935

106. BÄUMER, a.a.O. 1928, S. 10

107. BÄUMER, a.a.O. 1941, S. 113

108. RENATE VON STIEDA: »Weihestätten des thüringischen Landes«, in: *NS-Frauenwarte*, 7. Jg., 2. Juliheft (1938), S. 32

109. ALBRECHT GUBALKE: *Gerburg*, Siegen/Leipzig 1943, S. 104

110. SCHREYER, a.a.O., S. 45f., 59f.,

111. Fritz Werner: »Eckard und Uta«, in: *Naumburger Heimat* (Beilage zum *Naumburger Tageblatt*) vom 22. Januar 1925

112. Einige dieser Deutungen zielen darauf ab, den Naumburger Meister als heimlichen Waldenser, d.h. als Anhänger einer präprotestantischen, von der offiziellen Kirche verbotenen Bewegung zu offenbaren, in der bereits die Gnadenbedürftigkeit des schuldigen Menschen gelehrt wurde. – Vgl. ERNST LIPPELT: *Der Dom zu Naumburg*, Jena ⁴1939. – Vertieft und zugleich popularisiert wurde diese Annahme, die sich primär auf Details der Lettnergestaltung gründet, v.a. von PAULUS HINZ (a.a.O.), der später Superintendent in Halberstadt wurde. Zusätzlich Verbreitung fand sie ferner durch den in vielen Auflagen erschienenen Historienroman *Der Ketzer von Naumburg* von ROSEMARIE SCHUDER (Jena 1955 u.ö.).

113. METZ, a.a.O., S. 21

114. DHÜNEN, a.a.O., S. 368

115. *Mitteldeutsche National-Zeitung* (Ausgabe Naumburg) vom 17. April 1937

116. Erinnert sei an Utas Verwendung als Gegenbild zum »Ewigen Juden«.

117. FRIEDRICH HEISS: *Deutschland zwischen Tag und Nacht,* Berlin ³1934, S. 283

118. DHÜNEN, a. a. O., S. 365

119. STIEDA, a. a. O., S. 32

120. BAUER, a. a. O., S. 59

121. PREIME, a. a. O., S. 409

122. WALTER KUEHN: »Wie soll man eine Ausstellung besuchen?«, in: *NS-Frauenwarte* 8.Jg., 1. Augustheft (1939), S. 75

123. Zu diesem Paradigma der Kunstbetrachtung vgl. WOLFGANG KEMP: »Die Kunst des Schweigens«, in: THOMAS KOEBNER: *Laokoon und kein Ende: Der Wettstreit der Künste,* München 1989, S. 96-119

124. WEISS, a. a. O., S. 23

125. SCHREYER, a. a. O., S. 62

126. Hans Martin von Erfa: »Pappstreifen und Pappmaché, in: Schuster, a. a. O., S. 313

127. Vgl. z. B. SCHREYER, a.a.O., S. 62 f., DHÜNEN, a.a.O., S. 365, BÄUMER, a.a.O. 1941, S. 145

128. HANS EBERT: »Mit Karl-Marx-Städter Oberschülern in Naumburg«, in: *Natur und Heimat* 1953/6, S. 173

129. Aus einem Brief der Domstifterverwaltung an das Domstift in Naumburg vom 16. Februar 1939.

130. Die Manuskripte von WALTER HEGE, aus denen im folgenden mehrfach zitiert wird, sind allesamt unveröffentlicht. Seiner Tochter Ursula Dörmann danke ich sehr herzlich dafür, mir umfassend Einblick in diese durchwegs undatierten Texte (vornehmlich aus den zwanziger und dreißiger Jahren) gegeben zu haben.

131. Zu Walter Hege vgl. ANGELIKA BECKMANN: *Walter Hege (1893 bis 1955) und das fotografische Abbild der Naumburger Stifterfiguren im Wandel der Zeit,* Berlin 1989; ANGELIKA BECKMANN/ BODO VON DEWITZ (Hrsg.): *Dom - Tempel - Skulptur - Architekturphotographien von Walter Hege,* Köln 1993. - Beide Publikationen erhellen auch über Walter Hege hinaus vor allem die fotografische Rezeptionsgeschichte der Stifterfiguren, die deshalb hier nicht mehr eigens behandelt wird.

132. ANGELIKA BECKMANN liest im ersten Satz »Wunder« anstatt »Wunden« (vgl. a. a. O., S. 26), was nicht zuletzt deshalb unwahrscheinlich scheint, da Hege im unmittelbar vorausgehenden Satz davon spricht, daß die Falten der Maria »Tränen« seien.

133. Eine Ausnahme stellt seine Fotografie des Kopfes von Dietrich dar (PINDER/HEGE, a.a.O., Abb. 64), wo die Wange als zerklüftete Steinoberfläche sichtbar wird, so daß man kaum noch in die Versuchung einer Verlebendigung geführt wird. Im Kontrast dazu scheint der Gerburg-Kopf um so weniger aus Stein zu sein.

134. Über die (Vor-)Geschichte und Auflagen des zusammen mit Pinder hrsg. Buches informiert umfassend ANGELIKA BECKMANN: »Eine ›optische Tat‹«, in: BECKMANN/VON DEWITZ, a.a.O., S. 23–36.

135. *Rheinisch-Westfälische Zeitung* vom 22. Februar 1925

136. *Völkischer Beobachter* vom 12. April 1940. - Auch sonst kam diese Neuauflage - vor allem in der Kunstwissenschaft - besser an. Hege sei »vom Romantiker zum Klassizisten geworden«, lautet etwa das Lob für seine neuen Aufnahmen. (Beilage des *Naumburger Tageblatts* vom 12. April 1940)

137. HERBERT JUNKERS: »Naumburg - Das Wunder eines Domes«, in: *Die Pause, Leitblätter des Stadttheaters Dortmund,* Spielzeit 1936/37, Heft 7

138. KURT ARNOLD FINDEISEN: *Dom zu Naumburg,* Querfurt 1928, ohne Seitenzahl

139. WILLIBALD SAUERLÄNDER: »Die Naumburger Stifterfiguren - Rückblick und Fragen«, in: *Die Kunst der Staufer* Bd. 5 (Supplement), Stuttgart 1979, S. 176. - Neben den Publikationen von ANGELIKA BECKMANN (a.a.O.) bietet dieser Aufsatz die bisher umfassendste und kritischste Auseinandersetzung mit der Rezeptionsgeschichte des Naumburger Westchors.

140. Vgl. OVID: *Metamorphosen,* Zehntes Buch, Vers 243ff.

141. SCHREYER, a.a.O., S. 5

142. BAUER, a.a.O., S. 58

143. SCHREYER, a.a.O., S. 62

144. Vgl. z.B. von SCHOLZ, a.a.O., S. 10: Die Stifterfiguren zeigen »einen seine Zeit weit überragenden Schöpfer, wie dies etwa die Dramen Shakespeares tun«. - PINDER/HEGE, a.a.O., S. 48: Der Naumburger Meister bekundet einen »Willen zum Seelischen, gleich dem Shakespeares«. - LEO BRUHNS: *Bildner und Maler des Mittelalters,* Leipzig 1928, S. 107: Die Kunst der Stifterfiguren besitzt »den schweren, dumpfen Schritt, mit dem das Schicksal naht: sie ist dem Nibelungenliede und Shakespeare verwandt.« - WEISS, a.a.O., S. 17: »... so sind sämtliche Gestalten dieser berühmten zwölf Stifterfiguren nicht als Vorbilder oder Würdenträger aufgestellt, sondern sie leben und leiben wie in einem dramatischen, shakspearehaften Hauche der Geschichte«.

145. BERGNER, a.a.O. 1903, S. 100

146. JOHANN JOACHIM WINKELMANN, *Geschichte der Kunst des Altertums,* Wien 1934, S. 36

147. BAUER, a.a.O., S. 49f., 59, 70, 73

148. NOVALIS: »Die Lehrlinge zu Saïs«, in: *Schriften* Bd. 1, Stuttgart 1960, S. 101

149. THEODOR W. ADORNO charakterisierte dieses Verhalten näher

unter dem Begriff der »Banausie«: »Wie es der Schulfall von Banausie ist, wenn ein Leser sein Verhältnis zu Kunstwerken danach reguliert, ob er mit darin vorkommenden Personen sich identifizieren kann, so ist die falsche Identifikation mit der unmittelbaren empirischen Person das Amusische schlechthin. Sie ist das Herabsetzen der Distanz bei gleichzeitigem isolierenden Konsum der Aura als ›etwas Höherem‹.« Und weiter: »Banausen sind solche, deren Verhältnis zu Kunstwerken davon beherrscht wird, ob und in welchem Maß sie sich etwa anstelle der Personen setzen können, die da vorkommen; alle Branchen der Kulturindustrie basieren darauf und befestigen ihre Kunden darin. (...) Kunstbegeisterung ist kunstfremd.« (*Ästhetische Theorie,* Frankfurt am Main 1970, S. 409, 514f.)

150. Schon 1935 erwähnt FELIX DHÜNEN diesen Brauch (a.a.O., S. 368): »... es ist keine Seltenheit (...), wenn der Kirchendiener eine Blumenspende zu Füßen der steinernen Uta vorfindet«. Und er fügt hinzu: »Obgleich sie nicht so aussieht, als ob sie jede Bitte erhöre«; damit erhebt er Uta zur Heiligen, wobei die Blumen als Unterstützung der an sie gerichteten Gebete oder als Dank für deren Erhörung zu verstehen wären.

151. THEODOR LÜDDECKE: *Uta. Legende aus dem Naumburger Dom,* Leipzig 1934, S. 32

152. LÜDDECKE, a.a.O., S. 23

153. FELIX DHÜNEN war ein Pseudonym für Franz Sondinger (geb. 1896), der in seinen letzten Lebensjahren vor allem als Spielleiter an mehreren (Berliner) Theatern wirkte (vgl. *Deutsches Bühnenjahrbuch* 1941, S. 114). - Für wichtige Hinweise zur Aufführungsgeschichte des Stücks danke ich Ulrike Solf herzlich.

154. FELIX DHÜNEN: *Uta von Naumburg,* Berlin 1934, S. 67

155. *Hamburger Nachrichten* vom 27. November 1934

156. *Saale-Zeitung* vom 21. April 1937

157. *Mitteldeutsche National-Zeitung* vom 22. April 1937

158. *Thüringer Allgemeine Zeitung* vom 11. November 1943

159. *Naumburger Tageblatt* vom 5. Juni 1934

160. *Hamburger Fremdenblatt* vom 28. November 1934

161. *Hamburger Fremdenblatt* vom 17. Januar 1942

162. DHÜNEN, a.a.O. 1934, S. 4

163. Auf die entsprechende Paradoxie bei der Nachstellung von Bildern weist OSKAR BÄTSCHMANN hin; vgl. »Pygmalion als Betrachter. Die Rezeption von Plastik und Malerei in der zweiten Hälfte des 18. Jahrhunderts« in: WOLFGANG KEMP (Hrsg.): *Der Betrachter ist im Bild,* Berlin 1992, S. 237-278, hier S. 251: Als Bestandteile ›lebender Bilder‹ müssen die Darsteller gerade völlig regungslos

– wie tot – in einer Position verharren und so ihre eigene Lebendigkeit aufgeben. »Daher wohnt den zunächst komischen Versuchen des Lebendigen, sich zum Bild zu machen, Tragik inne. Für den Erzähler in Kleists Marionettentheater haben die Versuche des Jünglings, die ungewollte Ähnlichkeit seiner Stellung mit derjenigen der Statue des Dornausziehers bewußt wiederherzustellen, die tragischen Folgen des Sündenfalls: den Verlust der Übereinstimmung von Geist und Körper, das heißt der Grazie als der natürlichen Lebendigkeit.«

164. GUBALKE, a.a.O., S. 33

165. Vgl. HANS STERNEDER: *Der Edelen Not,* Leipzig 1938; HANNA KIEL: *Uta von Naumburg,* Berlin 1936

166. STERNEDER, a.a.O., S. 52f., 88

167. KIEL, a.a.O., S. 74

168. Nicht die gesamte Naumburg-Belletristik hat jedoch Uta zum Hauptgegenstand. So sind im Roman *Reglindis* von HEINZ HELMUTH WITTRAM (Weimar 1935) alle Stifterfiguren ziemlich gleichmäßig in eine weitläufige Handlung verwoben. Nachdem beide Stifterehepaare kinderlos bleiben, wie es auch der historischen Überlieferung entspricht, zeugt Ekkehard, der gewalttätigere der zwei Brüder, unter dem Vorwand der Ehehilfe und ohne vorherige Zustimmung des Hermann mit Reglindis ein Kind, bei dessen (Tot-)Geburt diese stirbt. Uta bleibt dieser zweifelhafte Versuch ihres Gatten, der Familie einen Stammhalter zu bescheren, verborgen; ihre eigene Kinderlosigkeit deutet sie als Strafe Gottes.

169. STERNEDER, a.a.O., S. 78

170. ZANDER, a.a.O., S. 369. – Dieses Urteil begründet die Autorin auch mit den beiden einander zugewandten Blättern unterhalb der Baldachine von Uta und Ekkehard, was sie als Treuesymbol deutet.

171. HINZ, a.a.O., S. 34f.

172. RICHARD HAMANN: *Geschichte der Kunst,* Berlin 1933, S. 307f.

173. SCHREYER, a.a.O., S. 42f.

174. HILDEGARD KOPPEN-AUGUSTIN: *Eckehard und Uta,* Stuttgart 1938, S. 143

175. Rezitiert wurden die Gedichte von Grete Vadé, einer Schauspielerin aus Halle, die im Jahr zuvor in einer Inszenierung der *Uta von Naumburg* die Titelrolle spielte. Daß gerade eine bekannte Uta-Darstellerin Uta-Huldigungen vorzutragen hatte, dürfte bereits genügend über den Stil der Feierstunde aussagen. – Auch zwei der rezitierten Autoren waren Uta-Verehrern keine Unbekannten: Wolfram Brockmeier, ein zur Nazizeit erfolgreicher Dichter, hatte bereits 1934 eine ›Funkdichtung‹ mit dem Titel *Der Dom* verfaßt, die im Deutschlandsender produziert wurde. In

Theodor Lüddeckes im selben Jahr unter dem Titel *Uta* erschienenem Buch vermischten sich bizarr nationale, christliche und nietzscheanische Motive. Ein ebenfalls vorgetragenes Gedicht von Hermann Görn wurde am 28. Februar 1938 in der *Mitteldeutschen National-Zeitung* (Ausgabe Naumburg) abgedruckt.

176. *Mitteldeutsche National-Zeitung* (Ausgabe Naumburg) vom 27. Februar 1938

177. LÜDDECKE, a.a.O., S. 36

178. Für Hinweise zu dieser *Uta* danke ich Antje Olivier.

179. GUBALKE, a.a.O., S. 120

180. FREIWALD, a.a.O., S. 383f., 387ff.

181. *Freiburger Tagespost* vom 21. Februar 1940

182. BRUHNS, a.a.O., S. 112

183. SCHREYER, a.a.O., S.6. – Noch pathetischer liest es sich in einer Rezension der ›Funkdichtung‹ von Wolfram Brockmeier: »Der Dom ist Deutschland! Aus Aetherwellen kam es zu mir, zu dir, zu vielen. Der Dom ist selbst Deutschland! Wir alle sind Bausteine am Dom des Volkes.« (*Naumburger Tageblatt* vom 22. November 1934)

184. DHÜNEN, a.a.O. 1935, S. 365

185. GUBALKE, a.a.O., S. 102. – In der deutschen Sprache dieser Jahre gab es sehr viele Wortzusammensetzungen mit »sonder«; damit sollte das Besondere, mit anderen Nationen Unvergleichliche des Deutschen benannt sein.

186. ZAEHLE, a.a.O., S. 79

187. *Blätter aus der Heimat* (Beilage zum *Naumburger Tageblatt*) vom 19. Juli 1914

188. Ebd., S. 33f.

189. IMMANUEL KANT: *Beobachtungen über das Gefühl des Schönen und Erhabenen,* Vierter Abschnitt (1764), A 91f.

190. FRIEDRICH NIETZSCHE, Jenseits von Gut und Böse, § 244, KSA Bd. 5, S. 184

191. FRIEDRICH NIETZSCHE: Die Philosophie im tragischen Zeitalter der Griechen, § 5, KSA Bd. 1, S. 825

192. Dokumentiert im Film *Triumph des Willens* (1935) von LENI RIEFENSTAHL.

193. HERMANN RAUSCHNING: *Die Revolution des Nihilismus,* Zürich 1964, S. 87ff. (Erstausgabe 1938)

194. THOMAS MANN: *Doktor Faustus,* Frankfurt am Main 1975, S. 86

195. THOMAS MANN: *Deutschland und die Deutschen,* Werke Bd. 11, Frankfurt am Main 1960, S. 1129, 1141f., 1146

196. KURT KARL EBERLEIN: Was ist deutsch in der deutschen Kunst?, Leipzig 1934, S. 23

197. Hermann Stenzel: *Die Welt der deutschen Kunst,* München 1943, S. 133
198. Hans Jantzen: *Deutsche Kunst,* Köln 1935, S. 5f.
199. *Naumburger Kurier* vom 8. August 1943
200. Gleich nach Erscheinen des Buchs von Mâle wurden einige Partien davon ins Deutsche übersetzt und von deutschen Kunsthistorikern kommentiert (Emile Mâle: *Studien über die deutsche Kunst,* hrsg. mit Entgegnungen von Paul Clemen u. a. von Otto Grautoff, Leipzig 1917). Der Ton dieser Publikation ist eher von Bestürzung als von Haß gekennzeichnet; in der Vorbemerkung stellt Grautoff fest: »Vornehmlich die Franzosen haben die Feindschaft des Krieges in persönliche Feindschaft umgesetzt. Darin ist ihnen nun auch einer der verdienstvollsten und kenntnisreichsten Kunsthistoriker gefolgt, der durch sein bisheriges Schweigen als eine jener französischen Stützen der *res publica litterarum* gelten durfte, mit denen nach Friedensschluß die Beziehungen wieder aufgenommen werden dürften. Emile Mâle enttäuscht uns zu Beginn des dritten Kriegsjahres nun auch noch.« (a. a. O., S. 1)
201. Vgl. Emile Mâle: *L'art allemand et l'art français du moyen âge,* Paris ⁴1923, S. 202ff.
202. Vgl. als Beispiel einer ausdrücklichen Gegenüberstellung von französischer und deutscher Skulptur: Bäumer, a. a. O. 1941, S. 102: »Die Naumburger Stifter ergeben miteinander keine Masse. Der Deutsche – sagen wir vorsichtig: von damals – ergibt summiert nicht Masse. Er bleibt Person. Sehen wir hinüber zu den Vorbildern in Frankreich. Also etwa zur Fassade des Domes von Reims. Um das Mittelportal, der Spitzbogenlinie folgend, ziehen sich fünf Reihen menschlicher Figuren, eine über der anderen wie Perlen in einer Kette (…). Sie sind nicht nur Masse geworden, sondern (…) zur Dekoration erniedrigt (…). In den deutschen Domen hat sich der Mensch als einzelner, als Persönlichkeit, viel stärker behauptet.«
203. Dehio, a. a. O., S. 343
204. Louis Réau: *Histoire universelle des arts,* Paris 1934, S. 333
205. So erstmals auf deutscher Seite schon 1886 bei Franz von Reber, der an der Kunst der Naumburger Stifter vor allem schätzt, »dass sie in Nichts an die höfische Eleganz der Franzosen sich anlehnt, sondern durchaus deutsch sieht und empfindet« (*Kunst des Mittelalters,* Leipzig 1886, S. 549).
206. Der Zweite Weltkrieg löste übrigens in der Kunstgeschichte kaum noch Verunglimpfungen aus. So findet sich 1946 in einer französischen Abhandlung über deutsche Kunst Lob gerade auch über Naumburg. Der Naumburger Meister, so heißt es, »übertrifft

normale Kategorien«, er sei »ein genialer Meister«, »ein Phänomen absoluter Originalität, ein Individuum vom Range Michelangelos«. Nicht einmal gegenüber der doch so deutschen Uta zeigt man sich reserviert und assoziiert mit ihr gar noch etwas Französisches: »Angesichts des Gewands der Markgräfin Uta denkt man an die Stoffe, aus denen vor dem Ersten Weltkrieg die Mäntel der Kavallerie gefertigt waren.« (PIERRE DU COLOMBIER: *L'art allemand,* Paris 1946, S. 30f., Übersetzung W. U.)

207. EDWIN REDSLOB: *Die steinernen Wunder von Naumburg,* Leipzig 1933, S. 9

208. ALBERT BRINKMANN: *Geist der Nationen,* Hamburg 1938, S. 73

209. NATH, a. a. O., S. 22

210. *Mitteldeutsche National-Zeitung* (Ausgabe Naumburg) vom 18. März 1939

211. In einem Vertragsvorschlag vom 7. April 1919 heißt es in Artikel 4: »[a] ... Frankreich wird bevollmächtigt, in Deutschland Kunstwerke auszuwählen, die den zerstörten möglichst ähnlich sind. Ihr Wert soll durch eine Kommission interalliierter Sachverständiger und unter Anwesenheit deutscher Sachverständiger geschätzt werden, mit demselben Meinungsrecht für Deutschland. – [b] Der Wert dieser Kunstobjekte soll Deutschland gutgeschrieben und wie eine Bezahlung in Form von Gewürzen berechnet werden.« (nach: P. M. BURNETT: *Reparation at the Paris Peace Conference,* New York 1940, Bd. 1, S. 865, Übersetzung W. U.) Schon einen Monat davor war diese Maßnahme angeregt worden, und es wurde dabei auch der Auftrag erteilt, Listen mit den zerstörten und gestohlenen Werken zu erstellen und Wiedergutmachungsvorschläge einzureichen (vgl. a. a. O., Bd. 2, S. 664, 666). Ernsthaft weiterverfolgt wurde das Vorhaben dann jedoch nicht mehr; derartige Listen scheinen sich nicht erhalten zu haben.

212. *Naumburger Tageblatt* vom 2. April 1919

213. *Mitteldeutsche National-Zeitung* (Ausgabe Naumburg) vom 30. Oktober 1938

214. Vgl. den ausführlichen Bericht über diese Kundgebung im *Naumburger Tageblatt* vom 19. Mai 1919

215. *Naumburger Tageblatt* vom 21. Mai 1919

216. Auch nach dem Zweiten Weltkrieg wurde das Reparationsgerücht noch gerne kolportiert, so von PAULUS HINZ in der ersten Auflage seines Buches *Der Naumburger Meister* von 1950 (a. a. O., S. 1). In der zweiten Auflage (1954) ist diese Behauptung stillschweigend gestrichen worden. – Noch 1993 kann man in dem sonst gewissenhaften Katalog über Walter Hege lesen, nur weil die Stifterfiguren fest vermauert seien, »entgingen sie 1919 übri-

gens den Reparationsforderungen Frankreichs im Versailler Vertrag, der u.a. Ersatz für die Kriegszerstörungen an der Reimser Kathedrale verlangte« (BECKMANN/VON DEWITZ (Hrsg.), a.a.O., S.30). Als Quelle wird arglos Felix Dhünen angegeben, der tatsächlich Kompetenz suggeriert, insofern er scheinbar präzise formuliert: »Auf Grund § 231 des Versailler Vertrages wurde im ›Wiedergutmachungsausschuß‹ das Verlangen laut, die Steinfiguren des Naumburger Domes als Ersatz für die Zerstörungen an der mitten in der Kriegszone gelegenen Kathedrale von Reims ausgeliefert zu bekommen.« (DHÜNEN, a.a.O. 1935, S. 373) In § 231 wird jedoch nur allgemein die Verantwortlichkeit von Deutschland und seinen Verbündeten »als Urheber der Verluste und aller Schäden« der Alliierten sowie der mit ihnen assoziierten Staaten erklärt; falsch ist Dhünens Aussage auch insofern, als der Vertrag erst im Juni 1919 unterzeichnet wurde, Forderungen »auf Grund« dieses Paragraphen also erst danach hätten erhoben werden können, das *Naumburger Tageblatt* aber bereits im April 1919 die Proklamation gegen die Beschlagnahme druckt.

217. PAUL KLEE in einem Brief an seine Frau vom 11. Januar 1933, in *Briefe an die Familie* Bd. 2, Köln 1979, S. 1217

218. Vgl. hierzu HORST DIETER FREIHERR VON ENZBERG: *Die Goetheschule in Graudenz und das deutsch-polnische Verhältnis* (1920 bis 1945), Lüneburg 1994. – Ich danke Jürgen Ritter für zusätzliche Informationen.

219. Vgl. KLEE, a.a.O., S. 980

220. Am 5. September 1939 – also nur zwei Tage nach der britischen und französischen Kriegserklärung an Deutschland – beauftragte der Preußische Finanzminister das Preußische Staatshochbauamt Naumburg, »sofort die für die Sicherung der Stifterfiguren und des Westlettners notwendigen Maßnahmen zu treffen«, da man »um die Instandhaltung dieser wertvollen Kunstschätze sehr in Sorge« sei. Am 19. September wurde mit der Sicherung der Figuren begonnen, wobei man Schwierigkeiten hatte, die dafür notwendigen Materialien – Holz und Sackleinwand (für Sandsäcke) – in ausreichendem Umfang zu beschaffen. Eine an das Preußische Finanzministerium gerichtete Bitte um Bezugsscheine wurde am 25. September abschlägig beschieden; dort rief man zu Improvisation auf und legte auch eine Beschränkung der Sicherungsmaßnahmen auf das Wichtigste nahe: »So z.B. wird es (...) genügen müssen, nur die allerwertvollsten Fenster herauszunehmen und die Öffnungen in geeigneter Weise wieder zu schliessen. Die Ausführung der grossen Trennwände zwischen den Chören und dem Schiff wird an Materialmangel scheitern. Bei der Sicherung des Westlettners wird man

sich mit einer splitter-, und möglichst trümmersicheren Über-
deckung begnügen müssen. Dahingegen wird dem sofortigen
Schutz der Stifterfiguren alle irgend mögliche Sorgfalt zu widmen
sein.‹« – Der Schriftwechsel über die Sicherungsmaßnahmen findet
sich im Naumburger Domarchiv, für dessen Benutzung ich Frau
Stiftsarchivarin Nagel herzlich danke.

221. Hütt, a.a.O., S. 88
222. *Die Freiheit* vom 30. August 1955
223. Ebert, a.a.O., S. 174
224. *Junge Aktion* 2/1955, ohne Seitenzahl
225. Vgl. Sigrid Damm: *Diese Einsamkeit ohne Überfluß,* Frankfurt am
Main 1995, S. 205: ›Jane sitzt im Schneidersitz. Sie hat den Kragen
ihres Pullovers hochgestellt und hält ihn mit der Hand. Ihre
Augen fixieren etwas Unbekanntes. Ihr schmaler Nasenrücken,
ihre entschlossenen Lippen, immer eine Spur von Skepsis, Ironie,
Trotz. Plötzlich weiß ich, wem sie ähnlich sieht: der Uta im Naumburger Dom.« – Für diesen Hinweis danke ich Peter Spethmann.
226. Ein zweiter Fall erwies sich als eine wohlbedachte Zeitungsente.
Die *Neue Zürcher Zeitung* veröffentlichte am 15. Februar 1991
einen Text (in französischer Sprache sowie in deutscher Übersetzung), den angeblich Marcel Proust über Uta und Ekkehard verfaßt hatte. In Wirklichkeit handelt es sich hierbei um eine im
Prouststil verfaßte Etude der Schweizer Schriftstellerin Christina
Viragh, die im Herbst 1990 nach einem Naumburg-Besuch geschrieben wurde. – Für den Hinweis auf diesen Fall danke ich Dr.
Thomas Poiss, für seine Aufklärung Dr. Hanno Helbling.
227. Daniil Granin: *Garten der Steine,* Berlin 1973, S. 211
228. Ebd., S. 267f.
229. Ebd., S. 272
230. Nath, a.a.O., S. 31
231. Daß Naumburg auch innerhalb der mittelalterlichen Kunstgeschichte kaum traditionsbegründend war, veranlaßt Wilhelm
Pinder zu einer Aussage, die die Wirkungslosigkeit pathetisch zu
›Einsamkeit‹ umdeutet: »Das Naumburger Wagnis hat so wenig
unmittelbare Folgen gehabt wie Rembrandts ›Nachtwache‹ oder
Beethovens ›Neunte‹. Wir haben uns schon gesagt, daß schulende
Nachwirkung kein Maßstab der Größe sei. Hier wirkt ein anderer, jener der einsamen Größe. Wir finden sie seltener in der französischen Kunst.« (Wilhelm Pinder: *Sonderleistungen der deutschen Kunst,* München 1944, S. 64)
232. *Naumburger Tageblatt* vom 23. Juni
233. Helga Skuhrovec-Hopp: Die Stifterfiguren des Naumburger
Doms in der Dichtung, Wien 1943

NACHWORT

Vorliegende Monographie verdankt ihr Entstehen und ihre endgültige Fassung neben den Personen, die bereits in einzelnen Anmerkungen genannt sind, etlichen anderen Anregungen.

Prof. Dr. Ernst Schubert, Dechant des Domstifts Naumburg, begleitete meine Arbeit mit wertvollen Hinweisen. Auf die Thematik wurde ich zuerst durch Prof. Dr. Willibald Sauerländer aufmerksam, bei dem ich während des Studiums ein Seminar über »Kunstgeschichte im Dritten Reich« besuchte. Dieses Buch soll beider Publikationen ergänzen, die das Ziel verfolgen, die Naumburger Stifterfiguren von ihrer Deutungsvergangenheit zu befreien. Ernst Schubert hat an der Versachlichung der Naumburg-Forschung in den letzten Jahrzehnten den größten Anteil, und Willibald Sauerländer setzte sich in den siebziger Jahren als erster kritisch mit der Rezeptionsgeschichte des Westchors auseinander.

Mein Dank gilt auch denjenigen, die mir im August 1994 einen mehrwöchigen Aufenthalt im Naumburger Dom zu einer schönen und fruchtbaren Zeit werden ließen: Hans-Ingo und Ilse Bisch, Jutta Hagge, Kerstin Wille, Maritta Grube, Gerlinde Hoyme.

Ferner danke ich zahlreichen ›Utas‹, die mir in Interviews wertvolle Informationen gaben, sowie Archivaren, Bibliothekaren, Theatermitarbeitern etc., die bei meinen Recherchen unverzichtbare Hilfe leisteten.

Schließlich waren mir wichtige und anregende Gesprächspartner: Dr. Angelika Beckmann, Prof. Dr. Karl-Heinz Brodbeck, Martin Dammann, Ute Frietsch, Hans-Georg Füger, Dr. Peter Geimer, Simone Keller, Dr. Oliver Lepsius, Dr. Raphael Rosenberg, Diemut Schilling, Sabine Schirdewahn, Regina Schubert, Dr. Christian Waldhoff, Harry Walter, Mareile Walter.

ABBILDUNGSNACHWEISE

Abb. 1, 2: Anonymer Stecher, aus: JOHANN MARTIN SCHAMELIUS: *Historische Beschreibung von dem ehemals berühmten Benedictiner-Kloster zu St. Georgen,* Naumburg 1728; Abb. 3, 4, 18, 36: Walter Hege, aus: PAULUS HINZ: *Der Naumburger Meister,* Evangelische Verlagsanstalt Berlin ²1954; Abb. 5, 6: aus: *Versammlungsort moderner Geister. Der Kulturverleger Eugen Diederichs und seine Anfänge in Jena 1904-1914,* Eugen Diederichs Verlag München 1996; Abb. 7, 15, 24, 40, 44: Walter Hege, aus: ANGELIKA BECKMANN/BODO VON DEWITZ (Hrsg.): *Dom - Tempel - Skulptur. Architekturphotographien von Walter Hege,* Agfa Foto-Historama Köln 1993; Abb. 8-11, 14, 17, 19, 20, 26, 27: Walter Hege, aus: WILHELM PINDER/WALTER HEGE: *Der Naumburger Dom und seine Bildwerke,* Deutscher Kunstverlag Berlin ⁵1935; Abb. 12: ERICH KIRSTEN (Postkarte), Verlag Schnell & Steiner München; Abb. 13, 23: aus: PETER-KLAUS SCHUSTER (Hrsg.): *Nationalsozialismus und ›Entartete Kunst‹,* Prestel-Verlag München 1987; Abb. 16: aus: ERNST GRITZBACH: *Hermann Göring. Werk und Mensch,* München ⁴⁵1943; Abb. 21, 22, 28, 37, 42: Standbilder aus dem Film »Die steinernen Wunder von Naumburg« von Rudolf Bamberger/Kurt Oertel, aus: EDWIN REDSLOB: *Die steinernen Wunder von Naumburg,* Leipzig 1933; Abb. 25: Walter Hege, aus: GERTRUD BÄUMER: *Der ritterliche Mensch,* F. A. Herbig Verlagsbuchhandlung - Deutscher Kunstverlag Berlin 1941; Abb. 29: Bühnenfoto Nationaltheater Mannheim, Spielzeit 1939/40, Reiß-Museum der Stadt Mannheim, Theatersammlung; Abb. 30: Schauspielhaus Chemnitz, Spielzeit 1934/35, aus: *Der Türmer von Chemnitz* 1/5,6 (1935), (Stadtarchiv Chemnitz); Abb. 31, 32: Bühnenfotos Residenztheater München, Spielzeit 1935/36, Bibliothek Bayerisches Staatsschauspiel München; Abb. 33: Bühnenfoto Thalia-Theater Hamburg, Spielzeit 1934/35, Zentrum für Theaterforschung/Hamburger Theatersammlung; Abb. 34: aus: *Programmheft Landestheater Braunschweig,* Spielzeit 1935/36, Archiv Staatstheater Braunschweig; Abb. 35: aus: Spielzeit 1936/37, Heft 7, Archiv Stadttheater Dortmund; Abb. 38: Rossa (Postkarte), Verlag Schnell & Steiner München, Abb. 39: Wolfgang Ullrich; Abb. 41: Sabine Schirdewahn; Abb. 43: aus: HORST-DIETER FREIHERR VON ENZBERG: *Die Goetheschule in Graudenz und das deutsch-polnische Verhältnis* (1920-1945), Verlag Nordostdeutsches Kulturwerk Lüneburg 1994

WOLFGANG ULLRICH BEI WAGENBACH

RAFFINIERTE KUNST *Übung vor Reproduktionen*
Nachdem Wolfgang Ullrich in mehreren Büchern die Entleerung
des Kunstbegriffs kritisch betrachtet hat, ist er diesmal voll des
Lobes – er würdigt die Reproduktion, die häufig eine Weiterent-
wicklung und Vollendung des Originals ermöglicht.

Kleine Kulturwissenschaftliche Bibliothek.
Gebunden mit Schildchen und Prägung. 160 Seiten
Mit ca. 40, teils farbigen Abbildungen.

BILDER AUF WELTREISE *Eine Globalisierungskritik*
Wie werden Bilder bei uns verstanden, und wie in der Fremde?
Welche Macht üben sie aus, welche Folgen hat das für die Bilder?
Mit Bildern verbinden sich Machtphantasien. Dazu gehört auch
der Wunsch nach Bildern, die über kulturelle Grenzen hinaus
Resonanz finden. Dieses Buch geht verschiedenen Versuchen nach,
Bilder auf die Weltreise zu schicken. Es zeigt, wie sich die Visionen
von Piet Mondrian und Walt Disney ähneln, untersucht die Bild-
motive des Sozialistischen Realismus, der Zeugen Jehovas sowie
der aktuellen stock photography und erklärt, was Apoll von Belvedere und das TUI-Logo gemeinsam haben.

Kleine Kulturwissenschaftliche Bibliothek.
Gebunden. 160 Seiten mit vielen Abbildungen

MIT DEM RÜCKEN ZUR KUNST *Die neuen Statussymbole der Macht*
Wo Führungskräfte sich noch vor zwanzig Jahren in gediegenem
Mobiliar und mit ebenso gediegenen Ölgemälden abbilden ließen,
stehen sie heute vor moderner Kunst. Moderne Kunst im Umfeld
von Geld und Macht: Wie konnte sie zu einem der wichtigsten Sta-
tussymbole unserer Zeit werden? Und was sagt dies über die
Kunst selbst aus – sowie über diejenigen, die sich ihrer bedienen?
Wolfgang Ullrich untersucht die merkwürdigen Folgen und
Nebenwirkungen eines allzu hohen Kunstbegriffs.

Kleine Kulturwissenschaftliche Bibliothek.
Gebunden. 128 Seiten mit vielen farbigen Abbildungen

Tiefer hängen   *Über den Umgang mit der Kunst*
Der Kunsthistoriker Wolfgang Ullrich befragt das Selbstverständnis von Künstlern und Kunstliebhabern. Die Vorstellung einer »hohen« Kunst ist ihm ebenso ein Dorn im Auge wie ihre von einseitigen Motiven geleitete Kommerzialisierung.
»Endlich einer, der nicht nur Provokatives, sondern auch Kluges über die sukzessive Entleerung des Kunstbegriffs zu sagen wagt.« NZZ
WAT 479. 192 Seiten. Originalausgabe

Gesucht: Kunst!   *Das Phantombild eines Jokers*
Moderne Kunst findet großen Zuspruch. Doch was steckt hinter der Begeisterung ihrer Betrachter und Käufer, was löst sie aus? Unerschrocken beharrt Wolfgang Ullrich auf dieser Frage.
Der Besitz moderner Kunst wird oft als Frage des Prestiges betrachtet – ihr Wert lässt sich in Zahlen ausdrücken, gleichzeitig eröffnet sie Zugang zu unbezahlbaren Werten. Wer Kunst kauft, fühlt sich beglückt, ihr Besitz verleiht einem Vorteile.
WAT 577. 304 Seiten

Wahre Meisterwerte   *Stilkritik einer neuen Bekenntniskultur*
Wie ist es dazu gekommen, dass wir unablässig von Werten reden? Werte zu beschwören und danach zu handeln gibt das wohlige Gefühl, etwas Gutes zu tun. Doch reicht das aus? Wolfgang Ullrich argumentiert gesellschaftskritisch, und er scheut sich auch diesmal nicht, zu provozieren.
Klappenbroschur. 176 Seiten mit vielen Abbildungen

Wenn Sie mehr über den Verlag und seine Bücher wissen möchten, schreiben Sie uns eine Postkarte oder elektronische Nachricht (mit Anschrift und E-Mail). Wir informieren Sie dann regelmäßig über unser Programm und unsere Veranstaltungen.

Verlag Klaus Wagenbach   Emser Straße 40/41   10719 Berlin
www.wagenbach.de   vertrieb@wagenbach.de